JEUX DE PISTE ET ÉNIGMES

À PARIS

Ouf! La prochaine fois, on choisit un arrondissement tout plat!

Avant-propos

Ce livre est avant tout un jeu et une promenade dans l'une des plus belles villes du monde.

Chaque parcours est indépendant et se déroule à l'intérieur d'un même arrondissement. Tu peux donc débuter par celui que tu souhaites, celui qui t'attire le plus, celui que tu ne connais pas. Chaque jeu de piste commence et se termine toujours au même endroit, sa durée est d'environ 3 heures. Mais, pour un plaisir maximum, chacun doit accomplir son parcours selon son propre rythme, pas forcément en une seule fois. Les plus sportifs pourront organiser des courses ou des

défis entre amis.
Nul besoin de culture encyclopédique pour résoudre les énigmes, seuls du bon sens et une observation attentive te suffiront. La première question, qui donne le point de départ, est toujours plus difficile, mais avant de partir, tu as le temps et la documentation nécessaire pour y répondre. Pour t'aider, tu trouveras un plan de chacun des arrondissements, à la fin des parcours. Le plan du métro situé sur le rabat de la couverture pourra également t'éclairer (notamment pour trouver la réponse à la première énigme). De brèves explications historiques te seront données sur les sites rencontrés mais n'oublie pas ton guide touristique (voir bibliogra-

phie en fin d'ouvrage) si tu veux approfondir tes connaissances.

Paris est une ville vivante et en perpétuelle transformation, au cours des mois, les indices proposés peuvent se modifier ou disparaître. Si de manière imprévue, tu rencontrais un obstacle infranchissable (rue barrée, passage fermé...) il te faudra le contourner pour reprendre l'itinéraire normal. Attention! Les jardins publics sont fermés à la nuit tombée. Les plus imaginatifs, ceux qui trouveraient des énigmes plus séduisantes, pourront nous les adresser (Hachette Tourisme, Jeux de piste et énigmes, 43 quai de Grenelle, 75015 Paris ; jeuxdepiste@hachette-livre.fr) et le fruit de leur sagacité permettra d'enrichir notre prochaine édition.
Tu sais maintenant le peu de chose nécessaire pour commencer. De bonnes lunettes sur le nez, des chaussures confortables aux pieds, le livre en main, tu es maintenant prêt à partir. L'aventure dans Paris peut commencer.

Jean-Richard Matouk

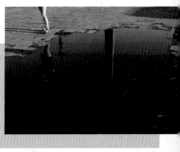

1er arrondissement

Le rendez-vous de ce parcours se situe à l'extérieur de la station de métro dont le nom donne une grande place au bon accord et à la bonne entente entre les personnes.

① Nombreux sont les combattants morts le 25 août 1944 pour libérer Paris, tu débuteras ton parcours par la rue qui garde, en son début, le souvenir de dix de ces héros.

② Dès qu'il manquera un numéro pair d'immeuble dans cette rue, tu entreras alors dans la voie commençant par cette maison disparue.

> *Au n° 13 de la rue, la Cour des comptes assure la transparence de l'emploi des deniers publics. Elle en vérifie également leur bon usage.*

③ Le portail de la chapelle de l'ancien couvent des Dames-de-l'Assomption, devenue depuis 1850 l'église polonaise de Paris, fait pratiquement face à la rue où tu auras le loisir de flâner. Tu pourras y regarder les devantures parmi les plus chics de Paris.

④ Lorsqu'une mosaïque de pavés blancs et noirs protégera les piétons sur la chaussée, tu suivras les plots métalliques.

> *Cette place fut dessinée par Hardouin-Mansart à la fin du XVIIe siècle. En 1806, Napoléon Ier décida de faire construire la colonne centrale en fondant les 1 250 canons pris à Austerlitz. Le ministère de la Justice et l'hôtel Ritz en sont aujourd'hui les plus éminents locataires. Elle réunit les grands noms de la joaillerie.*

⑤ Au sommet de ces 1 250 canons, Napoléon, habillé en empereur romain, tournera le dos au sens de ton histoire. Puis en suivant la frontière de l'arrondissement, engage-toi dans la rue qui se termine.

⑥ Tourne à l'angle d'une maison fondée en 1785 et remonte la rue jusqu'à son origine. Elle te permettra, en partie, d'avancer en contemplant le ciel, sans être importuné par une éventuelle pluie et cela grâce à l'architecte Ricardo Bofill.

7 Le marché terminé, tu tourneras et passeras devant l'hôtel où M. de Noailles avait jadis l'habitude de descendre. À sa porte tu trouveras son histoire.

> *L'église Saint-Roch (au n° 296) fut commencée par Lemercier au XVIIe siècle et achevée par Jules Hardouin-Mansart au XVIIIe siècle grâce à un don du banquier John Law. Elle abrite les tombeaux de Corneille, Le Nôtre, et Diderot et renferme de nombreuses œuvres d'art. Des traces de balles sur la façade rappellent que le général Bonaparte réprima ici l'insurrection royaliste du 5 octobre 1795.*

8 Un peu plus loin, tu croiseras la demeure d'Olympe de Gouges, l'une des premières féministes qui rédigea en 1791 *la Déclaration des droits de la femme et de la citoyenne*. Puis, non loin de la fontaine, Jeanne d'Arc surgira d'un mur à l'endroit où elle fut blessée en 1429. Si elle avait les yeux ouverts, elle te regarderait aller à la rencontre de Hugo, de Racine, de Molière et de Corneille.

> *Depuis Napoléon, ce théâtre subventionné est une association de comédiens, comprenant des sociétaires, des pensionnaires et des élèves. Il est dirigé par un administrateur nommé par le Gouvernement. À l'intérieur on peut y voir, entre autres, la statue de Voltaire par Houdon et le fauteuil où Molière fut saisi d'un malaise le soir de la quatrième représentation du Malade imaginaire.*

9 Après avoir longé ces grands hommes, en allant du plus récent au plus ancien, continue tout droit ton chemin jusqu'à ce que tu retrouves l'un de ces personnages, statufié grâce à une souscription nationale.

> *Le physicien Arago a mesuré le méridien de Paris. Pour matérialiser son parcours, il a fixé dans le sol des rues de notre capitale 135 médaillons de cuivre de 12 cm de diamètre. Un de ces médaillons subsiste sur le trottoir du n° 24 de la rue.*

10 Additionne l'âge de la mort de cet auteur classique au numéro de l'immeuble où il est mort et soustrait le numéro de la maison où Diderot est décédé et tu trouveras le numéro de l'immeuble qui te fera sortir de cette rue. Ces deux immeubles sont très proches de toi.

⓫ Passe par cette colonnade entre le lieu qui procure l'émotion du goût et celui qui provoque l'émotion de l'esprit.

> *Cet ancien palais construit pour Richelieu par l'architecte Lemercier a abrité entre autres, le jeune Louis XIV et sa mère Anne d'Autriche, Henriette d'Angleterre, Philippe d'Orléans... Vers 1785, par soucis de rentabilité, Philippe Égalité demande, à Victor Louis, de réduire en lots le pourtour de son parc pour construire des immeubles de rapport et des boutiques. Sous le Consulat et l'Empire, ce lieu est devenu le temple du jeu et de la prostitution. Les 260 colonnes de Daniel Buren occupent, depuis 1986, la totalité de la cour d'honneur.*

⓬ Une rangée de soixante et un êtres vivants alignés t'indiquera la direction à prendre. Puis après avoir eu les « boules », parcours successivement treize des tubes qui ont fait le succès d'un grand architecte. Ils t'amèneront tout droit vers la sortie.

Hého! On touche pas les boules!

Té! il est fou lui!

> *Tu pourras voir un autre médaillon d'Arago matérialisant la ligne imaginaire du méridien de*

Paris, sous le porche, en sortant de la cour d'honneur.

⓭ En sortant, évite la comédie et recherche un conseil.

> *Cet organisme est une juridiction suprême de l'ordre administratif qui veille à la régularité des élections, et se prononce sur la conformité des lois à la Constitution. Il conseille également le Gouvernement en matière juridique.*

⓮ Sans quitter le trottoir, et en sortant tes lunettes si tu es myope, passe entre ce qui était le théâtre de l'Académie royale de musique et la salle de spectacle du Palais-Cardinal.

⓯ Rapidement, tu auras à traverser la place ouverte en l'honneur du futur Louis-Philippe 1er, roi des Français.

⓰ Au passage, tu trouveras la vérité et, pour aller tout droit, tu passeras sous deux beautés antiques et dévêtues. Tu n'auras pas de chance si nous sommes aujourd'hui dimanche. Une méchante grille t'empêchera de progresser, ce sera un obstacle de plus sur ton parcours. Il te faudra donc le contourner et en retrouver la sortie.

17 Ils peuvent être à sonnette, de mer et, bien qu'il faille se méfier de leur langue, écoute-les et longe-les, et tu seras alors dans la bonne direction.

18 Ce n'est pas un petit sac pour mettre de l'argent, ni une pension accordée à un élève ou à un étudiant pour l'aider à poursuivre ses études, mais un marché où se négocient les marchandises, les matières premières. Ton trajet passe devant sa grande entrée.

> *C'est le domaine des courtiers assermentés en matières premières (alcool, blé, sucre, cacao...).*
> *Tu y pénétreras si tu apprécies les somptueuses coupoles de verre.*

19 Choisis le bon côté de cette rue en croissant de lune, tu connaîtras ainsi la fonction du personnage, qui lui a donné son nom.

> *La colonne rencontrée maintenant est le seul vestige de l'hôtel de Soisson qui se trouvait à cet emplacement. Elle servait, dit-on, d'observatoire à l'astronome de la reine Catherine de Médicis.*

20 Les avocats y sont inscrits et leurs clients risquent quelquefois d'aller derrière. Après les avoir longés, tu tourneras pour boire l'eau du champignon.

21 Si la girouette se tourne vers l'est, ce sera la bonne direction, l'anémomètre te souhaitera bon vent, et tu parviendras ainsi, par bonne heure, à cette tête de Henri de Miller, qui semble écouter battre le cœur de Paris.

> *De style gothique flamboyant, l'église Saint-Eustache reprend les plans et les proportions de Notre-Dame. Construite à la Renaissance, elle ne sera terminée qu'au XVIIIe siècle, d'où sa façade classique. Elle possède des peintures, sculptures, mosaïques et vitraux, datant du XVIe au XIXe siècle, admirables. Son acoustique est remarquable.*

22 L'autre oreille de cette tête monumentale pourra t'écouter partir jusqu'à ce que tu rencontres et remontes une rue consacrée à un homonyme du chanteur, compositeur de *Message personnel, Starmania*... Ce virage à 150° t'entraînera vers huit nymphes remarquables par leur grâce, leur souplesse, leur fluidité. L'eau ruisselant des urnes qu'elles portent contribue à illustrer le monument sur lequel elles ont été sculptées.

> *Construit en 1549, et maintes fois déplacé, cet ouvrage sculpté par Jean Goujon et dessiné par Pierre Lescot est un très bel édifice datant de la Renaissance.*

23 Recherche, sur cette place, la rue dédiée, dit-on, à ceux qui ont les mains pleines. À son premier numéro tu atteindras un carrefour. Là, les entrées d'une confiserie ne vendant pas de bonbons et d'un commerce dominé par Eugène Scribe regarderont une rue où Henri IV fut poignardé par Ravaillac le 14 mai 1610. L'emplacement exact du lieu de cet assassinat est matérialisé sur le sol par une dalle de marbre avec trois fleurs de lis.

24 À peine cet endroit dépassé, la prochaine rue de ton parcours se révélera sacrément opportune.

25 Ne tombe pas dans le panneau, une impasse ne sera pas capable de t'arrêter dans ton parcours.

26 Lorsqu'il a deux têtes, c'est une pièce de Jean Cocteau ; lorsqu'il est noir, c'est une chanson de Barbara ; et lorsque c'est un symbole héraldique, c'est celui de Napoléon. Tu le retrouveras rapidement sur la façade d'une maison de la rue suivante.

27 Puis en parvenant au premier numéro de la rue, tu trouveras un de ces endroits où, « en allant promener, j'ai trouvé l'eau si belle que je m'y suis baigné ».

> *À la suite d'une crise de démence, l'écrivain Gérard de Nerval s'est pendu sur cette place en 1855.*

28 Mégir ou mégisser est l'action de préparer, de tanner les peaux. Engage-toi dans la voie où, par le passé, on mégissait les peaux à Paris, et dont la plaque de rue en rappelle l'origine.

29 Malgré son nom, il est le plus vieux des ponts de Paris. En son milieu, tu rencontreras le roi dont nous venons d'évoquer l'assassinat. Il semble se diriger dans la rue qui n'a pas oublié son ancien nom, fais-en de même.

30 En arrivant devant ce magnifique Palais de justice, observe sa façade datant du milieu du XIXe siècle, en regardant ses extré-

mités, tu seras plus attiré par le recueil des décisions des jurisconsultes romains (pandectes), que par le code Napoléon.

> *Les audiences au Palais de justice sont publiques, et il est très instructif de suivre un procès.*

㉛ Puis, après avoir tourné, tu passeras au n° 36 sous les fenêtres du bureau du commissaire Maigret et de beaucoup d'autres grands policiers réels ou imaginaires. Tu n'auras qu'une direction possible en abordant le croisement suivant pour ne pas franchir les frontières de ta promenade.

> *La Sainte-Chapelle fut édifiée en 1248 par Pierre de Montreuil à la demande de Saint Louis pour abriter la couronne d'épine et un morceau de la croix du Christ (conservés aujourd'hui à Notre-Dame). C'est un chef-d'œuvre de légèreté et d'équilibre de style gothique rayonnant. Ses magnifiques vitraux du XIIIe siècle retracent l'histoire du monde. On y accède par le n° 4 du boulevard.*

㉜ Tu ne dois pas quitter pour le moment l'île de la Cité. Donc, tu n'auras toujours qu'une possibilité au prochain croisement. Ainsi, tu tourneras sous la plus vieille horloge de Paris puisqu'elle marque l'heure depuis 1370.

> *Les quatre tours de la conciergerie (dont celle de l'horloge) ont été élevées au XIVe siècle. Trois superbes salles gothiques construites par Philippe le Bel peuvent être visitées. Cette prison a vu passer de célèbres personnages comme Ravaillac, Marie-Antoinette, Robespierre...*

㉝ Ne descends pas l'escalier en prenant les quinze marches, elles ne sont pas faites pour cela, et le risque est trop grand. Contente-toi de descendre confortablement les quarante et une marches attenantes. (Si des travaux t'empêchent de progresser, tu te contenteras de suivre des yeux le bon chemin.)

㉞ Avance jusqu'à ce que tu atteignes la proue de l'île de la Cité puis remonte à l'endroit où le dernier grand maître de l'ordre du Temple fut brûlé vif. Et qui d'après l'œuvre de Maurice Druon aurait crié : « Maudits, vous serez tous maudits jusqu'à la treizième génération ! »).

Mais tu n'auras pas de chance en quittant l'île, puisque tu ne connaîtras aujourd'hui que la moitié du pont.

35 Tourne, dès que possible, pour passer devant un arrêt de trois autobus de jour. La somme de leurs trois numéros devra donner un nombre divisible par 3 et 43.

36 On les appelait autrefois cloutés, ils sont réservés aux piétons et tu passeras sur le premier venu.

> *À coté de la mairie construite par Hittorf, l'église de Saint-Germain-l'Auxerrois est un résumé de cinq siècles d'architecture : un clocher roman, un chœur rayonnant, un porche et une nef gothique flamboyant et un portail Renaissance. C'est de son clocher que partit le signal du massacre de la Saint-Barthélemy en 1572. De nombreux artistes y sont enterrés : Malherbe, Boucher, Chardin, Van Loo, Coysevox, Coustou...*

37 Tu franchiras un guichet surmonté d'un char tiré par quatre chevaux ne semblant pas être d'accord sur la direction à prendre.

> *En 1546 François 1er commanda un palais de style renaissance italienne à l'architecte Pierre Lescot. La construction de la demeure des rois de France se continua sous Henri IV. Dans le même style Louis XIV acheva la cour Carrée, le prolongea jusqu'au jardin des Tuileries et l'architecte Perrault supervisa l'exécution de la façade extérieure et sa magnifique colonnade devant laquelle tu te trouves.*

38 Avant d'arriver côté jardin, et après avoir pris quelque récréation dans ce lieu carré, passe sous celle qui peut être : biologique, astronomique, parlante ou solaire. Puis longe ces quatre polyèdres qui ont pour base un polygone régulier et dont les sommets se projettent orthogonalement au centre de cette base.

> *En 1793, le musée du Louvre s'est constitué sous la Révolution en*

rassemblant les collections royales et les œuvres d'art confisquées à la noblesse et à l'Église. Il n'a cessé depuis de s'enrichir. La Vénus de Milo, la Victoire de Samothrace, la Joconde et le Radeau de la Méduse sont quelques-unes des œuvres les plus connues exposées dans cet immense musée universellement renommé.

39 En allant vers un peu plus de verdure, et en passant entre *l'Histoire* et *la France victorieuse*, tu auras déjà un petit goût de triomphe, mais ce sera celui de Napoléon.

> *Ce monument, inspiré de l'arc romain de Septime Sévère, a été édifié de 1806 à 1808 sur les plans de Fontaine et Percier. Ses six bas-reliefs commémorent les victoires de Napoléon lors des campagnes de 1805.*

40 Dans ce jardin conçu par Le Nôtre en 1664, tu iras, tout droit, entre une haie d'hommes et de femmes dévêtus, les premières œuvres ayant été sculptées par Maillol. Peut-être parce qu'il est le

seul à être habillé, César te donnera son identité.

41 Depuis l'entrée du Louvre tu avançais sur la voie triomphale qui va jusqu'à la Grande Arche de la Défense. En approchant de ton but, ce triomphe sera un peu le tien, puisque tu as franchi victorieuse-ment toutes les épreuves de cet iti-néraire, et l'obélisque pourra te tirer son chapeau doré pour te féliciter.

> *Les pavillons du Jeu de Paume et de l'Orangerie ont été construits sous le second Empire. Le premier est consacré à des expositions d'art contemporain et le second abrite des tableaux allant de l'impres-sionnisme jusqu'aux années 30 et, notamment, les* Nymphéas *de Claude Monet.*

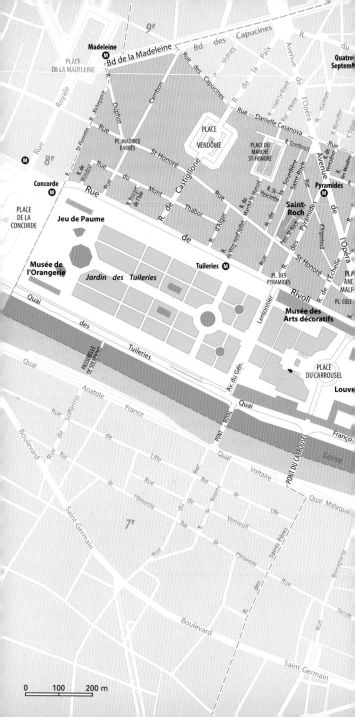

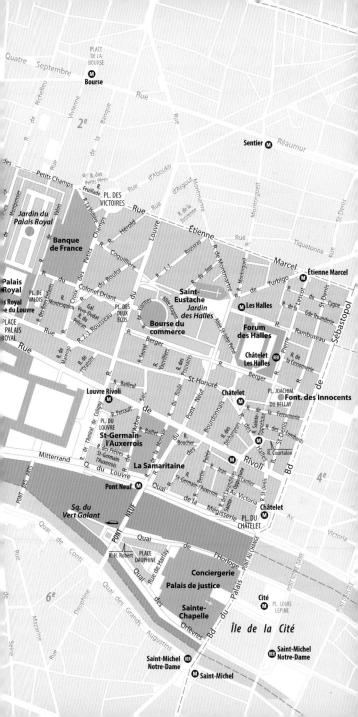

2e arrondissement

Cette sorte de pagne, porté par les hommes et les femmes à Tahiti, est l'anagramme du nom de la place qui te verra débuter ce parcours.

① C'est le contraire d'une ligne dans un tableau, elle n'est pas vertébrale, et tu te dirigeras vers elle.

② Change de direction (et de l'argent si tu le souhaites) en tournant à gauche, juste avant qu'un réverbère te signale l'imminente possibilité de faire le plein dans une auto sans y mettre de l'essence.

> Au n° 7-9 ce théâtre a vu des acteurs comme Louis de Funès, Jacqueline Maillan, Harry Baur, etc. jouer sur sa scène.

> Au n° 5, le Harry's bar est le rendez-vous des Américains de la capitale.

③ Converti en chiffres romains, l'immeuble qui débutera ta prochaine rue aura le numéro XLI.

④ Ses habitants ont-t-ils peur du soleil ? Les trois volets exposés au sud de la première maison de la rue dans laquelle tu dois tourner sont toujours clos.

> Au n° 18, le restaurant Drouant, fondé en 1880, accueille depuis 1914 le jury du prix Goncourt. En face, dans l'immeuble qui abrite le tabac, Zola a situé le magasin Au bonheur des dames.

⑤ Elle n'est pas crânienne, pas noire, pas de nuit, pas de vitesse mais on peut y déposer sa correspondance, et la rue suivante en possède une en son début.

⑥ Quand un même nom te laissera le choix entre un passage et une rue, tu préféreras la voie piétonne. Si, par malchance, le passage était fermé, tu devras le contourner et retrouver sa sortie.

> Dans ce passage Louis-Ferdinand Céline vécut enfant au n° 67 puis

au n° 64. Il le décrira dans son livre Mort à crédit.

> Le théâtre des Bouffes-Parisiens est créé en 1826, puis repris en 1855 par Jacques Offenbach pour y représenter ses œuvres. Après son départ en 1871, ce théâtre se consacrera à l'opérette avec les Mousquetaires au couvent, Véronique, Phi-Phi... C'est par le n° 73 de ce passage que Jacques Offenbach entrait dans son théâtre.

7 En retrouvant la rue, ton chemin croisera un cabaret nostalgique des années 1890 à 1914.

8 Tourne lorsque l'angle de la rue ne sera pas un angle. Un peu plus loin, tu passeras devant le lieu où Stendhal vécut pendant une année. Plus loin encore, un homme, par tout temps, jour et nuit, pourra te regarder t'éloigner.

> L'ancien Opéra de Paris fut construit en 1792 à l'emplacement du square Louvois. La Flûte enchantée de Mozart et la Vestale de Spontini y furent, notamment, créées. Le 13 février 1820 le duc de Berry, héritier du trône y fut poi-

gnardé par Louvel. Après son décès, l'opéra fut fermé puis démoli.

> Les documents de la Bibliothèque nationale de France sont répartis en quatre départements :
• Les manuscrits : la B.N.F. en possède de très anciens comme l'évangéliaire de Charlemagne, la Bible de Charles le Chauve,

le psautier de Saint Louis et de plus récents de Victor Hugo, Proust, Pasteur, Marie Curie...
• Les estampes et la photographie : la plus riche collection du monde avec douze millions de gravures et deux millions de photos.
• Les monnaies, médailles et antiques : 600 000 monnaies, médailles, camées, bronzes et objets d'art.
• Les Cartes et plans.

ment à l'entrée d'un autre chemin abrité portant le nom d'un ministre de Louis XIV, il te reconduira dans la rue d'où tu viens.

9 Bifurque avant et du côté d'un bâtiment évoquant le chef-lieu de la Nièvre.

10 Puis tu tourneras autour de celles qui tournent dans un cadran.

11 Si tu fais ce parcours un dimanche, continue dans la rue et passe directement à la question n° 15. Le passage protégé te fera entrer par la grille qui est le passage obligé de cette galerie où les étoiles noires guideront ton chemin.

> *Bénéficiant d'une situation exceptionnelle entre les Grands Boulevards, la Bourse et le Palais-Royal, cette galerie connut un vif succès au milieu du XIXᵉ siècle. Vidocq habita au n° 13.*

12 En sortant de cette galerie, recherche celle qui n'est pas sourcilière mais composée d'un ensemble de piliers. Elle t'amènera rapide-

13 Bien qu'il ne soit plus depuis longtemps à sa fenêtre, le libérateur te libérera du souci de rechercher ton chemin.

14 Dirige-toi vers ce qui pourrait être une immense pièce d'un

Cavalier!

jeu d'échecs. Mais avant de l'atteindre, bifurque dans une rue qui, comme celle que tu parcours, fait référence à une taille en dessous de la moyenne.

> *Cette basilique a été édifiée en 1629 pour commémorer la victoire de Louis XIII sur les protestants à La Rochelle. La Bourse s'y était installée sous le Directoire. Sept tableaux de Van Loo, des boiseries du XVIIᵉ siècle, le cénotaphe (tombeau vide élevé à la mémoire d'un mort) de Lulli, et plus de trente mille ex-voto (objets placés dans une église pour l'accomplissement d'un vœu) sont les curiosités de l'intérieur de cette basilique.*

15 Puis passe dans le vide pour trouver le soleil.

> *Le duc de La Feuillade fit édifier cette place selon les plans de Jules Hardouin-Mansart. Commencée en 1685, elle fut terminée au début du XVIIIᵉ siècle. En son centre, une statue équestre de Louis XIV œuvre de François Joseph Bosio (1822) remplace celle d'origine sculptée par Martin Desjardins.*

16 C'est généralement une pièce d'étoffe, chaque pays en possède un différent. Hissé sur une hampe, il débute la rue suivante, la seule de la place où les voitures vont et viennent.

17 L'art moderne ne doit pas te faire détourner de ta route, puis tu modifieras ta direction pour aller vers le verre et le vert.

18 Lorsque les arbres auront fini de te tenir compagnie, sois discret,

évite de te faire filmer et va dans le sens opposé à la caméra.

19 Après avoir fait ton marché et peut-être avoir acheté des fruits de mer, la spécialité de la rue depuis le XIIIᵉ siècle, l'arc vert sera, pour toi, la porte ouverte sur le quartier du Sentier.

> *Le quartier du Sentier est le cœur du commerce de gros dans le domaine des tissus, de la passe-menterie, de la bonneterie et de la confection.*

20 Quand tu seras tout près de la façade sans fenêtre, un panneau, pouvant avoir jusqu'à trois visages, te conduira à l'homme au bras levé.

> *À cet emplacement se situait le centre de la cour des Miracles. C'était un important repaire de*

*mendiants et de voleurs. Ils étaient
bien organisés et avaient à leur
tête un roi élu. La multitude de
petits passages et de ruelles,
qui partaient dans tous les sens,
faisait qu'il était dangereux
pour les autorités de s'y risquer.
Le lieutenant La Reyrie chassa
les truands en 1667.*

> *Après la campagne victorieuse de
Bonaparte en Égypte, le quartier
retrace les étapes de cette épopée :
Le Caire, le Nil, Aboukir...
Sur cette place, une maison offre une
abondante décoration égyptienne
en façade : sphinx, hiéroglyphes,
lotus... signé G. J. Garraud (1828).*

21 Deux chemins portent le nom
de la capitale du pays dont toutes
ces décorations s'inspirent.
Prends de préférence le plus étroit.

22 Ensuite tu te dirigeras vers la
ville de Saint-Denis en allant vers sa
porte, sa rue t'y aidera.

23 Mais très vite tu tourneras dans
une rue que le chanteur Claude
François aurait bien aimée.

24 Lorsque tu seras arrivé
au bout de cette rue égyptienne,
tu parcourras la rue dont le deuxième numéro d'immeuble est le
numéro le plus élevé.

25 Une fois arrivé à son extré-
mité, tu choisiras la seule direction
que peut emprunter une voiture.

26 Puis prends la rue dont
tous les « cinquièmes étages »
des immeubles ont quelque
chose de commun.

27 Elle peut être de police, de lit,
de ski. Tu iras de son sens quand il
faudra choisir ton chemin.

28 Les habitants du coin de la
maison après laquelle tu tourneras
ne peuvent pas jeter leur argent
par les fenêtres

29 La rue suivante naît à l'endroit
où mourut la mère de Mozart.

> *Le 31 juillet 1914, à la veille de la
mobilisation générale, Jean Jaurès,*

*le leader des socialistes de l'épo-
que, a été assassiné par un natio-
naliste dans le café-restaurant,
Le Croissant, situé au bout de la rue.*

30 Après avoir croisé l'immeuble
de la France au quotidien,
suis et prolonge la ligne allant
des dix statues antiques à deux
sculptures modernes.

31 Approche-toi de la plus
grande agence française de presse
que tu repéreras grâce à ses
« grandes oreilles ».

> *La Bourse de Paris, symbole du
capitalisme naissant du XIXᵉ siècle,
a été construite sur décision de
Napoléon Iᵉʳ à l'emplacement du
couvent des Filles-Saint-Thomas.
Avec son péristyle qui l'entoure,
l'architecte Brongniart s'est inspiré
des temples grecs. À l'intérieur la
fameuse corbeille ne fonctionne
plus depuis 1987 mais les décors
peints par Meynier et Pujol subsis-*

*tent. Son bâtiment sert désormais
à des plateaux de télévision, à des
défilés de mode, des cocktails...*

32 Longe ce lieu mythique où les
chiffres étaient rois en foulant les
« huit » de pierre.

33 Après que ton chemin se sera
resserré, tu verras la fille de Jupiter
(la déesse romaine de la Sagesse,
à ne pas confondre avec un appareil
orthopédique pour maintenir le
cou). Tu seras bien armé pour
tourner immédiatement à droite.

34 Ainsi tu seras dans le bain
pour trouver le bon passage d'où
on aurait pu espérer voir « de vastes
paysages que l'on découvre d'une
hauteur ».

> *Ouvert en 1800, ce passage doit
son nom aux deux grandes roton-
des situées à son entrée
où l'on pouvait admirer de grandes
vues circulaires du port de Toulon*

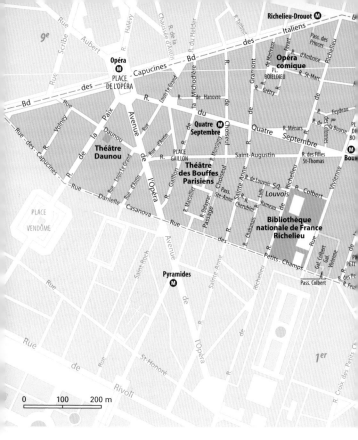

0   100   200 m

ou du Camp de Boulogne, de Rome, d'Athènes ou de Jérusalem.
Il est rapidement devenu le rendez-vous des incroyables et des merveilleuses. Dès 1817 il est le premier lieu public de la capitale doté d'éclairage à gaz. Zola le décrit dans son roman Nana.

35 En sortant du passage, va du côté où se situent politiquement les partis socialiste et communiste.

> En 1670, Louis XIV décide de supprimer les fortifications et de combler les fossés afin d'aménager

le nouveau boulevard avec plusieurs rangées d'arbres.
Vers 1750, les grands boulevards devinrent à la mode. Les hôtels aux vastes jardins, les théâtres et les cafés se multiplient le long de cette artère.

36 Après avoir croisé le regard bien-veillant de Richelieu qui finit sa rue, continue à longer la frontière de l'arrondissement, et tourne dans la première rue du 2e arrondissement.

> L'Opéra-Comique fut construit en 1894 par Louis Bernier. Y furent

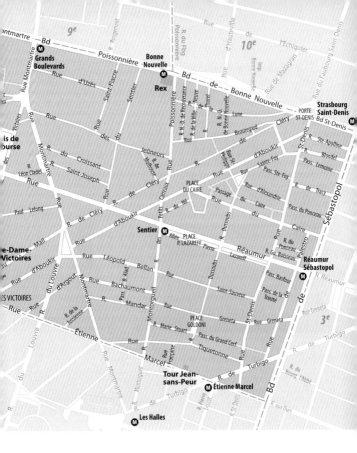

créés entre autres : Carmen de
Georges Bizet en 1875, Lakmé de
Léo Delibes en 1883, Louise de
Gustave Charpentier en 1900,
Pelléas et Mélisande en 1902.
L'entrée principale de ce théâtre,
ornée de sculptures et de sta-
tues représentant la Musique et
la Poésie, donne sur une char-
mante place. Le 27 juillet 1826,
Alexandre Dumas fils y est né
au n°1.

37 Après avoir admiré l'entrée
principale du bâtiment puis être
passé devant l'immeuble natal de
ce grand écrivain, recherche pour
repartir la même marquise (ne pas
confondre la femme du marquis
avec l'auvent placé au-dessus
d'une porte d'entrée) que celle que
tu viens de rencontrer.

38 Maintenant, tu connais
la musique, tu n'as pas le choix :
pour passer d'un opéra à l'autre
et ainsi terminer cette promenade,
il te faut ni revenir en arrière,
ni sortir de l'arrondissement.
Tu pourras alors chanter victoire
en achevant brillamment ce
difficile parcours.

3e arrondissement

Elle a sa place sur notre carte d'identité, sur notre carte d'électeur, sur les façades de nos mairies et dans nos livres d'histoire. Elle a également sa place dans le 3e arrondissement et son centre est le point de départ de notre parcours.

❶ Parmi toutes ces sculptures très républicaines, au centre de la place, un roi regarde le chemin que tu dois prendre.

> *En 1854, dans sa stratégie antirévolutionnaire, Haussmann décide la création de cette immense place. La statue centrale est l'œuvre de Léopold Morice. Les trois statues qui l'entourent sont de son frère Charles et représentent la Liberté, l'Égalité et la Fraternité. Les bas-reliefs de bronze retracent l'histoire de la République depuis le serment du Jeu de Paume jusqu'en 1880 date à laquelle le 14 juillet fut déclaré fête nationale.*

❷ Quand une fourche surviendra sur ton parcours, il ne s'agira pas d'une fourche agricole puisque tu devras aller du côté le moins arboré.

> *Au n° 195, Marie de Médicis posa en 1628 la première pierre de cette église consacrée à sainte Élisabeth de Hongrie. Elle est remarquable par sa centaine de bas-reliefs flamands du XVIIe siècle et son grand orgue romantique, chef-d'œuvre de Suret. C'est aujourd'hui l'église des chevaliers de Malte.*

❸ Rapidement, une femme aux seins nus et bien accompagnée se mettra en faîte pour te regarder changer de direction.

> *Après la perte de Jérusalem, l'ordre des Templiers s'installe à Paris vers 1140 sur un vaste*

> En 1792, Louis XVI et la famille royale sont enfermés dans la tour du Temple. Celle-ci sera rasée en 1808 pour éviter tout pèlerinage monarchique. Puis l'enclos est transformé en un marché spécialisé dans la friperie qu'on appellera « le carreau du Temple ».

❹ Ne reste pas sur le carreau mais contourne-le en empruntant une rue évoquant une région dont Amiens est la capitale.

❺ Le troisième côté du carreau t'amènera à traverser cet enclos grillagé pour en sortir à côté de Béranger, un chansonnier du XIXe siècle.

terrain situé à peu près à l'emplacement du Marais. Quatre mille personnes vivent dans cet enclos fortifié qui est un lieu de refuge pour ceux qui fuient la justice royale. Le 13 octobre 1307 Philippe le Bel décide de les supprimer; le dernier grand maître Jacques de Molay et cent quatre chevaliers sont emprisonnés puis brûlés vifs.

❻ Accrochées aux immeubles, ses lanternes imitant les réverbères d'époque éclaireront ton chemin et te feront pénétrer plus au centre du quartier du Marais.

> La rue dans laquelle tu te trouves est le fief du commerce de gros, dans le domaine de la bijouterie.

nes, ses trophées de chasse et ses peintures, tapisseries... dont la chasse est le sujet.

(Malheureusement fermé le samedi et dimanche.)

❼ Ils ont le même nom, mais il serait plus agréable de suivre une jeune bergère (c'est la signification du nom de cette rue) sous les arcades, plutôt que d'accompagner un ancien propriétaire prénommé Roger.

❽ Il peut être noir, de médecin, d'avocat, de toilette, réunir les membres d'un Gouvernement. Mais c'est avec aisance que tu le trouveras et tu seras soulagé de savoir qu'il faudra tourner de son côté, tout de suite après l'avoir rencontré.

> *Au n° 60, l'hôtel de Guénégaud, édifié vers 1650 par François Mansart, est une des très belles demeures du Marais. Il abrite le musée de la Chasse et de la Nature avec sa collection d'armes ancien-*

❾ Elle n'est malheureusement pas de jouvence, mais elle t'indiquera la rue suivante car une femme nue l'aura dans le dos.

...Vous avez dit que j'ai quoi dans le dos ???

10 Pendant un court moment, tu ne verras plus le ciel en marchant sur un trottoir, puis tu prendras la rue qui commence par sa place.

> *Ce grand hôtel particulier qui abrite le musée Picasso a été construit entre 1656 et 1659 pour Pierre Aubert, seigneur de Fontenay, fermier de la gabelle, d'où le nom d'hôtel Salé.*

> *Les héritiers du peintre ont donné ces œuvres en paiement de leurs droits de succession. Ce musée est riche de 203 peintures, d'un ensemble exceptionnel de sculptures, de papiers collés, de 1 500 dessins, de 1 600 gravures, de 88 céramiques...*

11 Elle peut être vertébrale, de lit, dorique, corinthienne mais celles-là semblent être ioniques et quand tu les apercevras, tu t'en approcheras.

> *L'église Saint-Denis-du-Saint-Sacrement contient plus particulièrement une remarquable*

Déposition de Croix *du peintre Delacroix (1844).*

12 Si tu ne sais plus à quel saint te vouer, abandonne Pierre et va du côté de Paul. Son voisin d'immeuble avait beaucoup de caractères.

13 Après avoir vu le Grand Veneur, en son hôtel, des fenêtres murées t'indiqueront de bifurquer dans une rue où tu en trouveras de nouvelles mais deux fois moins nombreuses...

14 Puis tourne rapidement dans la rue de l'écrivain qui vécut la totalité de son existence au XVIIe siècle.

15 Après avoir croisé une mère et ses quatre enfants, suis sur sa largeur et sur sa longueur la façade éclairée la nuit.

> *Mme de Kernevenoy acheta en 1572 cet hôtel, bâti en 1544 par Jacques des Ligneris. Son nom*

d'origine bretonne fut rapidement francisé en Carnavalet. En 1660, François Mansart modifia les deux ailes et sa façade pour lui donner son aspect actuel. Mme de Sévigné s'y installa et y résida jusqu'à sa mort en 1696. Maintenant transformé en musée, il illustre, par ses collections archéologiques, ses peintures, ses sculptures, ses gravures, son mobilier et ses objets précieux, l'histoire de Paris, ainsi que les grands événements qui s'y sont déroulés.

16 Tu suivras les inscriptions : iconographie, topographie, beaux-arts, monuments, mœurs et coutumes, administration, chroniques, puis ce sera le tournant de cette histoire (en prenant le soin de rester dans le 3ᵉ arrondissement).

17 Quand tu hésiteras sur le chemin à suivre, finis la rue que tu as récemment débutée et rapidement abandonnée. Au carrefour suivant, tu choisiras la seule rue dans laquelle tu ne sois pas allé.

> *Au n° 8, le musée Cognacq-Jay est installé dans l'hôtel Donon. Ce musée présente une riche collection d'art du XVIIIᵉ siècle composée de peintures (Rembrandt, Chardin, Boucher, Fragonard...) de dessins (Watteau, La Tour...), de sculptures (Houdon, Falconet, Pigalle...) et de porcelaines de Saxe.*

18 Connais-tu le numéro du département de la Dordogne ou celui de la Drôme ou bien encore de l'Ille-et-Vilaine ? Si tu trouves un de ces trois chiffres, tu sauras de quel côté te diriger puisqu'ils correspondent aux numéros des immeubles du début de la rue suivante.

19 En chemin tu passeras devant : l'hôtel de Sandreville, d'Almeras, la ruelle où Jean sans Peur fit assassiner le 23 novembre 1407 son cousin Louis, duc d'Orléans et frère de Charles VI, l'hôtel Hérouet.

20 Dans cette même rue, tu trouveras un établissement public qui est le sujet de la question

n° 11 du circuit se déroulant dans 4ᵉ arrondissement.

> *Dans le magnifique hôtel de Soubise, construit par Delamair de 1704 à 1709, se trouvent les archives de France et le musée d'Histoire de France. Ce musée présente un grand nombre de documents et manuscrits du Moyen Âge à nos jours comme le serment du Jeu de Paume, le testament de Louis XVI, les textes des constitutions... La remarquable décoration intérieure de cet hôtel a été exécutée avec le concours des meilleurs peintres et sculpteurs de l'époque.*

㉑ Lorsque la rue aura changé de nom, 78 visages de pierre te regarderont continuer ta route, alors que six autres tenteront, sans succès, de te faire changer de chemin.

㉒ Tu ne seras pas trop handicapé pour tourner dans la prochaine rue de ton parcours, bien que si tu l'avais été, tu aurais tout de suite remarqué et peut-être utilisé la première place de stationnement.

> *Au n° 71, l'hôtel de Saint-Aignan abrite le musée d'Art et de l'Histoire du judaïsme. L'hôtel de Montmor est au n° 79.*

㉓ Maintenant suis le chemin des arcades :
• Tu devras supporter dans ses grandes longueurs cet immeuble récent, malvenu dans ce prestigieux quartier. Malgré les apparences, nul besoin d'être sportif pour dépasser ces arcades.
• En sortant de la rue, de courtes arcades t'indiqueront le chemin à suivre.

> *Si tu as gardé ton âme d'enfant, après le n° 26 de cette rue, au fond de l'impasse, tu pourras visiter le musée de la Poupée.*

• À nouveau de brèves arcades modernes.

24 Sous les arbres, longe ce monstre d'acier et de verre, jusqu'à ce que le grand assistant de Max Ernst t'invite à descendre la rue.

25 Lorsque tu verras un mur qui a de la température, ce sera le moment de tourner pour contempler le défenseur du temps.

> *À chaque heure précise, il lutte victorieusement contre un des trois animaux qui l'entourent : le crabe, le dragon, et l'oiseau symbolisant la Mer, la Terre et le Ciel. À 12 h, 18 h, 22 h, il combat ses trois adversaires en même temps.*

26 Sous son nom d'artiste, Jean-Baptiste Poquelin t'indiquera le passage te permettant de traverser les maisons. En sortant, tu longeras l'immeuble qui lui est consacré.

27 Quand tu ne sauras plus où te diriger, passe devant la maison la plus étroite possible mesurée en nombre de fenêtre.

28 Puis tourne rapidement dans la rue dont le premier numéro d'immeuble est égal à : $72 \times 22 + 12$.

> *Sans dévier de ton chemin, fais une incartade de quelques mètres, car, au n° 51 de la première rue à droite, se trouve la plus ancienne maison de Paris. Nicolas Flamel la fit bâtir en 1407 pour donner asile*

aux pauvres. Cet alchimiste s'était enrichi d'une façon mystérieuse et prétendait détenir le secret de la pierre philosophale.

㉙ Après avoir repris ton chemin, tu croiseras un appareil permettant à ses passagers de se déplacer sans effort et gratuitement. Mais, pas de chance, il est seulement capable de descendre ou monter sans fatigue.

› *L'église Saint-Nicolas a été reconstruite au XVe siècle et agrandie aux XVIe et XVIIe siècles. La Révolution en fit le temple de l'Hymen et de la Fidélité. Elle a un des plus beaux buffets d'orgues de Paris. Le philosophe et mathématicien Gassendi y est inhumé ainsi que Mlle de Scudéry, auteur de* Clélie, histoire romaine, *œuvre dans laquelle figure la fameuse « Carte du Tendre ».*

㉚ Puis tu changeras de direction pour emprunter la rue dédiée,

pour les amateurs de football à Jean-Pierre et pour les autres à Denis.

㉛ Le théâtre de la Gaîté-Lyrique construit par Hittorf et Cuzin en 1862, mène à quatre femmes rafraîchissantes dues à Wallace. (Voir explication question n° 11, circuit du 18e arrondissement.) Leur ronde t'entraînera vers une colonne évoquant quatre victoires de l'armée française remportées pendant la guerre de Crimée.

㉜ Le buste d'un homonyme du propriétaire d'une chèvre très connue te fera entrevoir la spécialité du bâtiment qui se trouve derrière lui.

› *Le conservatoire des Arts et Métiers est à la fois un musée industriel, un établissement d'enseignement technique et un laboratoire d'essais industriels. Il a été construit dans l'ancien prieuré de Saint-Martin-des-Champs dont il a gardé l'église et le réfectoire.*

› *Le musée présente une impressionnante collection de*

pièces authentiques marquant l'évolution des sciences et des techniques du XVIIe siècle à nos jours. Il nous montre notamment l'avion de Blériot, la caméra des frères Lumière, la machine à calculer de Pascal...

33 Elle faisait partie d'un ancien mur d'enceinte datant de 1273. Ce pourrait être une pièce d'un jeu de stratégie, mais elle ne te mettra pas en échec, au contraire, elle te montrera la direction à suivre.

34 Tu prendras ensuite l'ouest du chemin de Nazareth. Plus loin, quatre femmes, déjà rencontrées, pourront, s'il fait chaud, te désaltérer avant de commencer ton ascension.

35 Arrivé dans cette nouvelle rue, l'entrée de l'immeuble à trouver est au numéro correspondant au nombre de dents que possède normalement un adulte.

36 Une fois cet immeuble traversé, longe l'endroit le plus proche où, selon Georges Brassens, les amoureux se bécotent.

37 Continue et tu vas retrouver ton point de départ. Tu pourras dire au lion que tu es le roi des énigmes puisque tu les as toutes résolues victorieusement.

4e arrondissement

Rendez-vous sur la place qui fut jusqu'en 1830 la place de Grève. Le bazar y règne toujours. Tu y trouveras, en son centre, le sceau des marchands d'eau du XIIIe siècle.

> *Jadis, les ouvriers sans travail y attendaient de l'ouvrage, d'où son nom. Elle resta longtemps un lieu d'exécution publique qui attirait les foules. Le bâtiment situé sur cette place est la copie de celui qui fut incendié sous la Commune en 1871. Il avait été construit en 1533 par Dominique de Cortone, puis agrandi à plusieurs reprises.*

❶ En regardant les statues qui ornent les extrémités de la façade du bâtiment situé sur cette place, tu pourras découvrir la prochaine rue de ton parcours. Son nom se compose des lettres suivantes :

• La lettre centrale du nom du maréchal de France mort la première année du XVIIIe siècle.

• La vie de cet évêque et homme d'État se termina l'année où naquit le personnage précédent. Prends la deuxième lettre de son nom.

• Bien que son patronyme soit une lettre à lui tout seul, tu ne conserveras que le premier caractère du nom de l'écrivain décédé la même année que le peintre David.

• Cet homme de lettres, philosophe, mathématicien, et animateur de l'Encyclopédie est mort à 66 ans. Tu ne retiendras de lui que sa dernière lettre.

• Les deux lettres en double du chimiste disparu au cours de la deuxième année de Ledru-Rollin.

• Ce maire de Paris décéda au même âge que Ledru-Rollin. Retient la troisième puis la deuxième lettre de son nom et tu auras ainsi tous les caractères de la rue recherchée.

❷ Après avoir tourné, tu longeras une grille dont couleur à quelque chose de commun avec un vêtement de travail, un jeune soldat, une cuisson ou un fromage.

> *Cette tour est le seul
vestige de l'église Saint-Jacques-
de-la-Boucherie démolie sous la
Révolution. Elle était, au Moyen
Âge, un des points de départ du
pèlerinage vers Saint-Jacques-de-
Compostelle. Pascal y expérimenta
ses théories sur la pesanteur de l'air.
Une station climatologique est
installée au sommet (52 m).*

❸ Les huîtres et les œufs sont souvent achetés par un multiple de cette quantité. La suite de ton chemin te permettra de croiser des arbres en deux fois plus grand nombre.

❹ Arrivé à la fin de ton décompte, continue ton parcours dans la rue dédiée aux habitants de la région de Milan, Bergame, Brescia, Côme, Crémone, Mantoue ou Pavie.

❺ Grâce au règlement sanitaire du département de Paris, tu bifurque-ras sans avoir à enjamber un tas d'immondices.

❻ Puis tu tourneras et croiseras une petite boutique qui vend des publications quotidiennes et périodiques.

> *Le centre Beaubourg a été
créé à l'initiative du président
Pompidou. Achevé en 1977, il est
l'œuvre des architectes Richard
Rogers et Renzo Piano. La couleur
des tuyaux identifie leur fonction (bleu : climatisation – vert :
eau – jaune : électricité – rouge :
transports). Son activité s'articule
autours de quatre départements :
musée d'art moderne ; département du développement culturel ;
bibliothèque publique d'infor-
mation ; institut de recherche et
coordination acoustique/musique.
Il attire près de six millions de visiteurs par an.*

❼ Par ses inscriptions sur sa façade, un bâtiment brique et blanc, tout proche, peut faire croire

qu'il est possible d'y faire sa toilette. Cependant les malfrats, qui n'ont pas les mains propres et une sale affaire sur le dos, n'en sortiront sûrement pas blanchis ni lavés de tout soupçon.

> *Sur la place suivante, les sculptu-res mobiles, imaginées par Niki de Saint Phalle et Tinguel y évoquent les grandes œuvres d'Igor Stravinski (l'Oiseau de feu, le Sacre du printemps...).*

> *Au fond, l'église Saint-Merri est de style gothique flamboyant. Son intérieur est richement décoré.*

⑧ Évite l'oiseau de feu, et va droit dans la rue appelée autrefois « Neuve Médéric ». La mairie de Paris y propose ce que le poste de police promettait sur sa façade.

⑨ Au coin de la rue, les habitants de la tourelle pourront te suivre des yeux lorsque tu auras changé de chemin. Remarque la deuxième maison rencontrée. Par sa largeur, elle est exceptionnelle. Quand tu verras une maison semblable, enga-ge-toi dans la rue qui lui fait face.

> *Entre-temps tu auras croisé le Café de la gare où ont débuté Coluche, Miou-Miou, P. Dewaere, G. Jugnot, T. Lhermitte, G. Lanvin...*

⑩ Tu longeras ce que certains appellent « chez ma tante », d'autres, « le clou ». C'est le grand spécialiste des prêts sur gage desti-nés aux personnes rencontrant des problèmes financiers passagers.

⑪ Après avoir été obligé de chan-ger de direction, deux énergumè-nes, peut-être parce qu'ils ont été mis à la porte, te tireront la langue. Puis en longeant le lierre tu te retrouveras sur les roses (ou plutôt dans la rue des arbrisseaux qui leur donnent naissance.)

> *Des travaux récents (élargisse-ment des trottoirs, pavés sur la chaussée...) ont embelli la rue.*

⑫ Lorsque tu seras obligé de tourner, choisis une des deux rues qui conduisent au même arbre.

⑬ Recherche le jardin de l'ancienne bibliothèque, tu seras ainsi sur la bonne voie. Puis, tu suivras la vitrine d'une boulangerie-pâtisserie qui ne vend ni pain, ni gâteaux.

⑭ Même s'il n'y a pas le feu, tu tourneras en face à ceux qui ne sont pas « opprimés » mais qui en ont l'anagramme.

⑮ Il peut être numérique sur le clavier d'un ordinateur, être un bifteck très épais et tendre, on dit le mettre dans la mare en faisant une révélation brutale provoquant une perturbation. Le sol de ton nouveau chemin en sera couvert.

⑯ En recherchant ta route, la solution jaillira et coulera de source, dans l'impasse, lorsque tu seras dans la bonne direction.

⑰ À la fin de la rue, tu tourneras du côté où ça gazera pour le mieux à tous les étages de la maison. Puis, en suivant les côtés de l'angle droit formé par trois arbres, tu déboucheras sur une place dont le nom évoque un massif montagneux.

> Née de la volonté de Henri IV, mais inaugurée en 1612 par Louis XIII, cette place, anciennement place Royale, porte depuis 1800 le nom du premier département qui acquitta ses impôts. Au pavillon du roi au sud, répond celui de la reine, au nord.

⑱ Suis le regard de ce royal cavalier observant le domicile de l'auteur du *Capitaine Fracasse*. Cet écrivain viendra habiter cette place un an avant que cette statue, œuvre de Dupaty et Cortot, soit érigée.

> *La marquise de Sévigné est née le 6 février 1626 au n° 1 bis de cette place.*

19 Après être passé devant la maison toute proche du plus grand romancier français, marche à l'ombre jusqu'à ce que tu entres et traverses l'hôtel du ministre de Henri IV.

> *Ce poète, romancier, dramaturge et critique vécut de 1832 à 1848 dans cet ancien hôtel de Rohan-Guéménée. Il est maintenant transformé en musée où sa vie et son œuvre y sont évoquées par des portraits, des bustes, des photographies, des tableaux et des souvenirs de famille.*

20 Si tu as du mal à poursuivre ton chemin, tu trouveras un remède en croisant un commerçant dont l'emblème de sa corporation surmonte la boutique.

> *L'église Saint-Paul-Saint-Louis a été édifiée pour les Jésuites de 1627 à 1641. Elle s'inspire de l'église du Gesù à Rome. Sous son imposante coupole, on pouvait y entendre des orateurs comme Bossuet ou des musiciens tel*

Charpentier. À l'intérieur, la Vierge douloureuse de Germain Pilon et le Christ au jardin des Oliviers de Delacroix sont les œuvres les plus remarquables.

21 Si le temps est pluvieux, tu seras content de tourner dans cette rue. Mais elle t'abritera seulement quelques dizaines de mètres.

> *La maison européenne de la Photographie abrite, dans l'hôtel Hénault de Cantobre (début du XVIIIe siècle), une importante collection de plus de douze mille œuvres réalisées après 1958.*

22 Puis, le vieux rémouleur ne te mettra pas le couteau sous la gorge mais t'incitera vivement à tourner dans la rue pour laquelle il aiguise l'angle.

23 Au prochain carrefour, remonte la rue et le temps et tu y retrouveras des maisons médiévales.

㉔ Chaplin parlait de ses feux (*limelight*), elle peut être de lancement, en tout cas elle t'aidera à te hisser et tourner vers la question suivante.

㉕ Au bout de la rue, tu choisiras la rue dont le premier numéro s'est mis deux fois sur son trente et un.

㉖ Deux carrefours plus loin, une flèche t'indiquera le bon Sens. Puis tu rencontreras la carte de cette péninsule comprise entre la mer Jaune et la mer du Japon et maintenant partagée en deux unités politiques.

> *À gauche l'hôtel d'Aumont a été élevé au XVIIe siècle par Le Vau puis agrandi par Mansart et décoré par Le Brun. Il abrite le tribunal administratif.*

> *Devant, l'hôtel de Sens fut bâti de 1475 à 1507 pour servir de résidence parisienne aux archevêques de Sens dont dépendait l'évêché de Paris. La reine Margot y mena une vie galante. Elle accueille mainte-nant la bibliothèque Forney qui est consacrée aux beaux-arts, arts décoratifs et arts appliqués.*

㉗ Si elle était encore vivante, la reine Margot, de sa tourelle, te verrait contourner son hôtel. Puis, tu passeras devant une école où les garçons ne pouvaient pas étudier.

㉘ Ces joueurs ont un goût prononcé pour les paniers percés. Mais ce n'est pas un défaut dans ce sport. Tu longeras leur terrain.

> *Pour ne pas laisser Paris sans protection, Philippe Auguste fit construire, avant de partir en croisade en 1190, une enceinte de 9 m de haut et 3 m d'épaisseur, dont le fragment le mieux conservé se trouve au bout de cette rue.*

*ration intérieure est somptueuse.
Gautier, Musset, Baudelaire et leurs
amis du club des Haschischins
s'y réunissaient à la recherche de
paradis artificiels.*

㉙ Entre, dès que tu le pourras, et
traverse dans sa largeur un village
qui a pris le nom de l'église toute
proche dont tu connais le portail.

㉚ Un coup de baguette magique,
probablement un peu académique, te fera trouver ton chemin.
De même, un tour de magie a peut-
être fait disparaître le locataire de la
niche perchée au premier étage de
l'angle de ton prochain virage.

㉛ Lorsque tu seras obligé de
changer de direction, longe
l'immeuble le mieux briqué et
tu atteindras des vestiges du
14 juillet 1789 cachés dans la verdure.

㉜ Le Groenland, la Grande-
Bretagne, Madagascar,
Les Galapagos, Hawaii, La Corse
et Noirmoutier ont un point
commun avec ta prochaine étape.

㉝ Angers en est la ville principale,
le vin rosé et sa douceur y sont
renommés, engage-toi rapidement
dans cette voie royale.

> *Au n° 17, l'hôtel de Lauzun, édifié
en 1656, est peut-être l'œuvre de Le
Vau, très actif dans l'île Saint-Louis.
Malgré une façade sévère, sa déco-*

㉞ Alors que tu aurais pu t'asseoir
un moment, et contempler le
paysage, tu devras tourner, et tu
seras à bonne école pour trouver
les filles de la charité. Au carrefour
suivant, par bonne heure,
une flèche te montrera la bonne
direction.

㉟ Tu changeras de chemin après
avoir dépassé l'immeuble dont le
numéro correspond au département de Paris. Ensuite, afin que ce
parcours ne tombe pas à l'eau, tu te
dirigeras vers cette tour, au pied de
laquelle tu es allé. Elle était un des
points de départ du pèlerinage vers
Saint-Jacques-de-Compostelle.

> *Dans la crypte archéologique sont exposés les vestiges des monuments datant du IIIᵉ au XIXᵉ siècle, retrouvés sous le parvis.*

36 Tu changeras d'île.

> *À la pointe est de l'île de la Cité, la grande sobriété du mémorial des Martyrs de la déportation invite les visiteurs au recueillement.*

37 Tu salueras Carlo Goldoni, bien qu'il se soit mis Notre-Dame à dos. En passant par le tilleul argenté et le chêne de la liberté, tu te laisseras entraîner par le courant vers l'empereur à la barbe fleurie.

> *L'évêque de Paris Maurice de Sully décida vers 1160 de faire construire Notre-Dame. Le chantier dura près de deux siècles. Par le merveilleux équilibre de ses proportions et l'harmonie de sa façade, cette cathédrale est un des plus beaux édifices religieux français. Le trésor présente des objets d'art religieux. Sur le sol du parvis, une dalle de bronze indique le kilomètre 0.*

38 Pars du portail central de Notre-Dame (appelé le Jugement dernier), passe par le « km 0 » et tu parviendras à l'administration de celui qui, selon saint Simon, « pouvait s'attirer la haine et s'acquit pourtant l'estime universelle ».

39 En urgence, tu trouveras ta route, puis tu devras choisir l'allée de verdure la plus proche.

40 Reste encore sur l'île de la Cité. Certains pensionnaires de l'hôtel côtoyé ont peut-être plus de mal que toi à remonter le courant.

41 Les marchands d'eau ne seront présents que par leur sceau. Ils ne pourront pas étancher ta soif et il te faudra chercher d'autres boissons pour fêter ton succès, puisque tu es arrivé au terme de ton parcours.

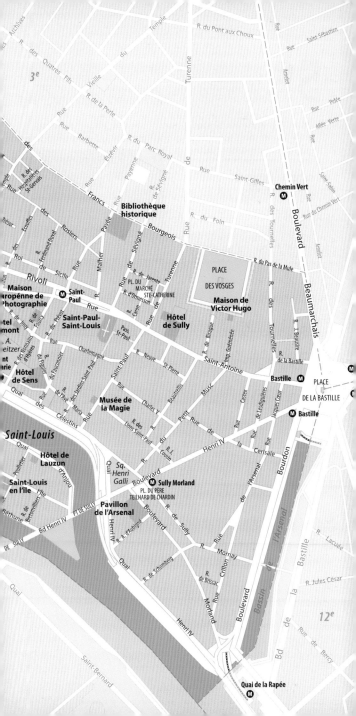

5ᵉ arrondissement

Montaigne, Platini, Sardou, Strogoff, Serrault, on ne se demande plus à quel saint se vouer pour trouver le rendez-vous placé à l'extérieur d'une station de métro.

❶ Pour commencer ton parcours dans le 5ᵉ arrondissement, tu n'as pas le choix, il n'y a qu'une rue donnant sur cette place.

❷ Très vite une rue dédiée à un instrument de musique à cordes pincées te fera entendre raison et te mettra dans la bonne tonalité.

❸ Au prochain carrefour, recherche un cygne, quelque peu religieux, qui fait le mur. Il te fera signe de t'engager dans sa direction.

❹ Elle peut être basse, de minuit à Noël, ou être une musique destinée à illustrer les textes liturgiques. Tu passeras devant le portail de l'édifice dans lequel elle est célébrée.

> *Édifiée principalement au XVᵉ siècle, l'église Saint Séverin est de style gothique flamboyant. Elle est remarquable par son double déambulatoire avec son pilier axial torsadé et ses vitraux.*

❺ Après avoir croisé saint Vincent de Paul, la devise de la République française guidera la suite de ton parcours.

❻ Va visiter successivement quatre jardins différents : le jardin céleste, le ménager, le jardin des simples médecines et le préau. Puis recherche l'entrée de l'établissement où sont conservées les reliques de l'époque de cette végétation.

> *Dans le magnifique hôtel de Cluny datant du XVᵉ siècle, le musée national du Moyen Âge présente des chefs-d'œuvre de la vie quotidienne et artistique de l'époque : orfèvrerie, tapisseries (série de la Dame à la licorne), sculptures, peintures, mobilier... Les thermes ont été construits entre le Iᵉ et le IIIᵉ siècle.*

7 Continue dans la rue où les grands invalides de guerre ont pris la première place, puis dirige-toi dans la voie qui te permettra d'être bien élevé.

8 Très vite, tu tomberas sur le panneau indiquant le chemin d'un établissement dont Helsinki est la capitale.

9 Mais tu devras à nouveau changer de direction avant de rencontrer un des « Michel » déjà évoqués. Tu t'engageras alors dans une rue dont le nom est identique au bâtiment qu'elle borde. Longe ce bâtiment assez académique dont la façade te montrera son attachement envers : Nancy, Poitiers, Rennes, Toulouse...

> *Le chanoine Robert de Sorbon fonde en 1257 un collège destiné à l'enseignement de la théologie aux étudiants pauvres.*
> *Il fut reconstruit sous Richelieu puis réaménagé sous la IIIe République. L'église a été bâtie par Lemercier de 1635 à 1642 et décorée par Philippe de Champaigne. Elle abrite*

le tombeau de Richelieu sculpté par Girardon. En entrant par le n° 17 il est possible de voir la cour d'honneur.

10 L'enfer est, dit-on, pavé de bonnes intentions, mais ce sera pourtant le bien-être lorsque tu marcheras sur ce type de revêtement. Il te conduira vers un comte très auguste et plein de philosophie.

11 Il peut être : de travail, de vol, comptable, incliné, d'eau, social, mais celui que tu croiseras permet aux personnes égarées de retrouver leur chemin.

12 À New York ils sont jaunes, à Londres ils sont noirs.

Tourne et remonte leur file alors qu'ils attendent leurs clients au bord du trottoir.

> *Au XVIIIe siècle Louis XV décide de faire bâtir une église en forme de croix grecque dédiée à sainte Geneviève. En 1791 elle fut transformée en Panthéon destiné à recevoir les dépouilles des grands hommes de la nation. Son fronton est sculpté en 1831 par David d'Angers et à l'intérieur les murs sont notamment décorés par Puvis de Chavannes. Jean Moulin, Victor Hugo, Émile Zola, Louis Braille, Voltaire, J.-J. Rousseau, Victor Schœlcher, Jean Jaurès, Pierre et Marie Curie... y reposent.*

🎊 Lorsque tu seras devant ce monument, le droit sera à gauche, puis 810 noms de savants et d'auteurs célèbres figureront peu après sur une façade. Si tu as le courage de les lire, commence à Cléomède et va jusqu'à Sterne et tu seras sur la bonne voie.

> *L'architecture métallique de la bibliothèque Sainte-Geneviève était novatrice quand Labrouste l'a construite en 1850.*
Elle renferme environ deux millions de volumes dont des manuscrits uniques datant du Moyen Âge et du XVIIIe siècle.

🎊 Engage-toi maintenant dans la rue du roi des Francs. Elle passe par un établissement portant le nom du premier des Bourbons.

> *De mélange gothique et Renaissance, l'église Saint-Étienne-du-Mont est remarquable par l'originalité de sa façade et par son jubé qui est le seul qu'on puisse encore voir à Paris. Sa chaire et ses vitraux datent des XVIe et XVIIe siècles.*

> *La tour située à l'intérieur du lycée Henri-IV, a été édifiée au XIIe siècle sur l'emplacement de l'abbaye que Clovis fit construire à la suite de sa victoire sur les Wisigoths.*

⓯ « Regarde ce grand arbre, et à travers lui il peut suffir ». En tout cas il suffira à te montrer le chemin qui te conduira sur place.

⓰ Regarde le numéro du dernier immeuble des rues débouchant sur ce rond-point. Ta prochaine rue sera celle dont le chiffre est le plus élevé.

⓱ De ses fenêtres, Hemingway aurait pu te voir changer de direction.

⓲ Cette rue te fera passer devant la maison où habita l'auteur de la phrase : « Me tenant comme je suis, un pied dans un pays et l'autre dans un autre, je trouve ma condition très heureuse, en ce qu'elle est libre. »

⓳ Puis, tu tourneras du côté de l'immeuble qui a deux fenêtres de plus que son numéro.

⓴ Dans le même ordre d'idée, le nombre des couleurs de l'arc-en-ciel, multiplié par lui-même t'indiquera l'immeuble qui te permettra d'entrer dans un amphithéâtre

gallo-romain où se déroulaient les jeux du cirque. Il pouvait accueillir quinze mille personnes.

㉑ Un arbre, qui a un penchant pour les passants, le montrera la sortie. Puis, tu emprunteras le sud d'une rue portant le nom d'une région, située aussi en France, mais dont la majeure partie se trouve en Espagne.

㉒ Ces deux architectes devaient être très fiers de leur immeuble, puisqu'ils ont marqué en gros leurs noms, non seulement dans cette rue mais également dans la rue suivante, bien qu'il s'agisse de la même maison. Il est vrai qu'elle possède une entrée dans chaque rue.

❷❸ Tu trouveras tout naturellement la rue dans laquelle tu dois tourner lorsque tu connaîtras l'occupation de celui qui lui a donné son nom.

> *De style mauresque avec son minaret de 33 m de haut, la mosquée de Paris est essentiellement composée d'un espace de culte, d'un lieu d'étude. Son hammam, son souk, son restaurant, et son salon de thé sont très dépaysants.*

❷❹ Contourne ce lieu de culte jusqu'à ce que tu atteignes, celui qui peut être : de paille, de Bengale, de joie, de cheminée, de croisement et qui est dans notre cas tricolore.

❷❺ En accédant à plus de nature, ton parcours trouvera une évolution importante.

❷❻ Après que Buffon t'aura vu longer le bâtiment consacré à la partie des sciences naturelles qui étudie les animaux, poursuis ta route pour passer entre deux conifères symbolisant le Liban.

> *Le Jardin des Plantes se développa au XVIIIe siècle notamment grâce au naturaliste Buffon. Il est remarquable par ses parterres à la fran-*

çaise, ses grandes serres, son jardin alpin, son école de botanique, sa ménagerie (reptiles, oiseaux, fauves...). Il est bordé par le Muséum national d'histoire naturelle et sa galerie de l'Évolution, sa galerie de Paléontologie et d'Anatomie comparée ainsi que sa galerie de Minéralogie et de Géologie.

27 Rends un hommage à un diplomate et poète français.

28 Il est des champs faits pour la vie et les cultures, et d'autres dans lesquels on meurt. Sur ton périple, une plaque de marbre te rappellera le souvenir de dix-sept hommes.

29 Paul, le héros du roman *Paul et Virginie* de Bernardin de St-Pierre se préoccupe-t-il de sa bien-aimée ou te regarde-t-il t'engager sur le chemin qui passe entre des plantes qui sont adaptées à la chaleur et celles qui sont adaptées au froid ?

30 En face de Paul, tu aurais dû remarquer quel type d'arbre avait

planté Buffon en 1785. En effet, il te faudra t'éloigner du bâtiment de la Zoologie en utilisant la deuxième allée bordée d'arbres à peu près semblables (bien que de taille réduite).

31 Sur la façade d'un bâtiment où l'on peut entrapercevoir des animaux d'un autre temps, tu longeras les bustes des grands naturalistes et zoologistes français. Ils se nommaient : Milne Edwards, Geoffroy Saint-Hilaire, Jussieu, Latreille, d'Orbigny, Cuvier. Mais celui qui n'est pas cité à la fin de cette série (le fondateur de la

Son architecture est un intéressant mélange de tradition arabe et de techniques d'aujourd'hui. Sa façade sud est composée de 240 diaphragmes qui s'ouvrent et se ferment suivant la luminosité comme un moucharabieh.

34 Quand tu rencontreras un arrêt d'autobus, tu suivras jusqu'à sa prochaine station celui dont le numéro est pair. Et, si l'heure et tes finances te le permettent, tu pourras manger dans un des meilleurs et plus connus restaurants parisiens.

> *Ce restaurant situé au n° 15 est*

doctrine de l'évolution) se retrouvera devant la porte par laquelle tu sortiras de ce Jardin des Plantes.

32 Si tu prends la bonne direction tu connaîtras les derniers spectacles parisiens. Puis tu suivras la bonne piste, celle qui te permet d'avancer en roue libre.

33 Il peut être électrique, d'air, d'opinion, il peut vouloir dire ordinaire, on peut le remonter, mais toi, tu le suivras. Puis après être passé devant des œuvres signées Schöffer, Étienne Martin, Cardenas, Liberaki, Vitullo, Pagès, Patkai, tu retrouveras la circulation automobile.

> *Créé pour faire comprendre la civilisation arabe et développer ses échanges avec les autres cultures, l'Institut du monde arabe possède un musée doté de collection d'art anté-islamique, islamique et arabo-musulman du VIIIᵉ au XVIIIᵉ siècle.*

l'un des restaurants français les plus réputés avec son canard au sang. Le pâté de héron y faisait le régal de Henri IV.

> *Au n° 47, le musée de l'Assistance publique a pour vocation de retracer l'histoire des hôpitaux depuis la construction de Hôtel-Dieu au Moyen Âge jusqu'aux hôpitaux d'aujourd'hui.*

35 Lorsque le quai ne sera plus de la Tournelle, dévie de 30° (environ) de ton chemin. Tu comprendras alors que ces 30° sont devenus des grands degrés.

36 Cinq paulownias (arbres originaires de l'Extrême-Orient) seront disposés en forme de flèche pour t'indiquer la suite de ton parcours.

37 Le premier commerce de la rue suivante portera son nom. Puis tu retrouveras les traces d'une société pour l'instruction élémentaire. Il sera évident que ses créateurs, dont tu découvriras les noms, y enseignaient les arts, la morale et les sciences.

38 Dans cet espace vert, recherche un robinier planté en 1602. Il est le plus vieil arbre de Paris. Tu le retrouveras facilement car il a du mal à cacher son âge.

> *Construite à la fin du XIIe, début du XIIIe siècle, l'église Saint-Julien-le-Pauvre est de style roman. Elle est affectée au culte de rite catholique grec byzantin.*

39 Après avoir quitté ce square, recherche et termine la rue que tu avais délaissée pour tourner à l'hôtel Colbert. Après une brève interruption, elle se continue et, en passant au n° 37, le poète américain Walt Whitman te dira : « Étranger qui passe, tu ne sais pas avec quel désir ardent je te regarde. »

40 Tout droit, entre la place et la rue du même nom, tu iras droit vers ta victoire et tu pourras être félicité pour avoir franchi toutes ces épreuves avec succès.

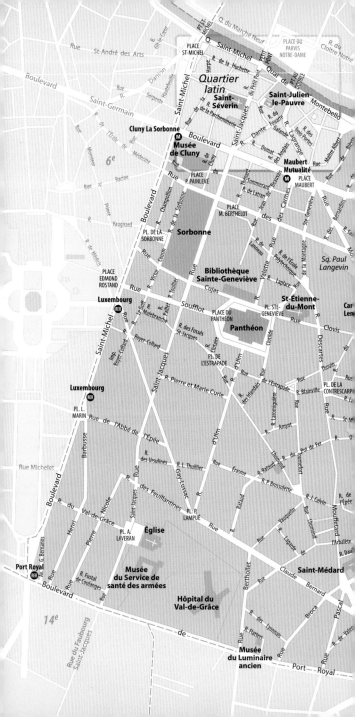

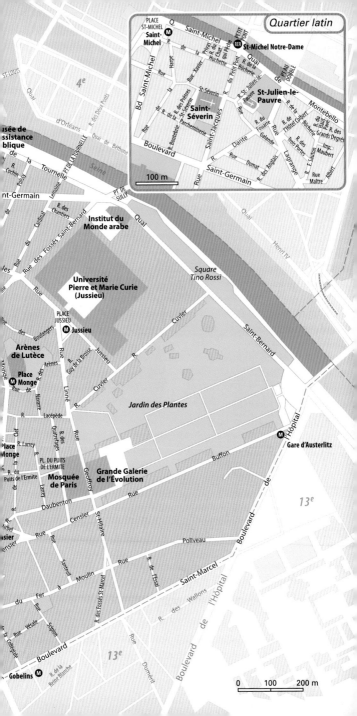

6ᵉ arrondissement

Les villes de Nantes, Vannes, Dinan, Avranches, Fougères, Laval, Angers t'aideront à cerner la station de métro à l'extérieur de laquelle se situe le départ de ce parcours.

1 Tu commenceras cette promenade en passant devant un bâtiment où les enfants sont plus nombreux que les adultes.

2 Non loin de là, un mal, une nuit sans sommeil, certaines notes de musique, certains vins, certaines armes et une partie de l'œil auront quelque chose de commun avec une partie du trottoir qui débute la rue que tu dois emprunter.

> *Au n° 70 de la rue, l'ancien couvent des Carmes avec son église Saint-Joseph fut construit par l'ordre religieux du Mont-Carmel au début du XVIIᵉ siècle. Pendant la Révolution, le couvent se transforma en prison, trois évêques et cent dix prêtres réfractaires y furent massacrés.*

3 Elles sont de forme cylindrique, composées d'une base, d'un fût et d'un chapiteau. Elles peuvent être doriques, ioniques ou corinthiennes,

celles-là sont quatre, plutôt toscanes et tu passeras entre elles.

4 Les statues des ecclésiastiques que tu recherches ont été appelées les quatre « point cardinaux » car ils n'ont jamais progressé dans leur hiérarchie.

> *L'église Saint-Sulpice a été construite de 1646 à 1775. L'intérieur est remarquable par ses peintures murales de Delacroix, sa chapelle de la vierge par Servandoni et son buffet d'orgues par Chalgrin.*

5 Non loin de là, tu iras de celui qui porte les épîtres à celui qui tient les évangiles et tu seras ainsi dans la bonne direction. Elle te conduira successivement dans deux rues

dont les noms sont composés du même nombre de lettres.

6 On dit qu'il cache la forêt, mais au bout de la rue, lorsque tu auras tourné pour le rejoindre, tu pourras constater qu'aucune forêt ne se cache derrière.

> *Le marché Saint-Germain occupe l'emplacement de l'ancienne foire créée en 1482 par Louis XI qui a tenu une grande place dans l'économie parisienne.*

7 Mon premier est une lettre de forme sinueuse.
• Mon deuxième est un morceau de bois placé sous un objet pour le mettre d'aplomb.
• Mon troisième n'a pas raison.
• Tu devras te diriger vers mon tout.

8 Heureusement, tu n'es pas en voiture, sans quoi, tu n'aurais pas pu continuer ton chemin sur le boulevard suivant.

9 Le buste du moine bénédictin, situé sur le pourtour de la place suivante, porte le nom de la rue qui t'a permis de longer le marché Saint-Germain. De plus, il regarde la rue par laquelle tu sortiras de cette place.

> *L'abbaye de Saint-Germain-des-Prés a été fondée au VIᵉ siècle pour abriter la tunique de saint Vincent. Elle s'est considérablement développée à partir du VIIIᵉ siècle. Sa nef et ses chapiteaux sculptés sont du XIᵉ siècle et le chœur est du XIIᵉ siècle. Boileau y repose.*

10 Tu devras éviter de passer devant ce territoire dont la capitale est Prague, tu changeras donc de rue, peu avant d'y arriver.

> *Jean Racine habita et mourut au n° 4 de la rue, et Balzac installa au n° 17 une imprimerie qui le conduisit à la faillite.*

⓫ Prends garde, le quartier n'est pas rassurant puisque le poète Saint-Amant mourut des suites

Par contre, l'eau tiède, j'adore !

d'une bastonnade dans le cabaret situé dans la rue suivante.

⓬ Le chat qui, suivant le proverbe, craint l'eau froide, venait peut-être de la rue dans laquelle tu dois maintenant te rendre.

⓭ Bien que le quartier soit assez ancien, il est postérieur à l'ammonite. Tu passeras devant la reproduction de ce mollusque fossile de l'ère secondaire.

⓮ Emprunte la rue qui fait face à la grande porte du palais construit vraisemblablement par Guillaume Marchant.

> *Au n° 6 de cette charmante place, l'appartement, où vécut et travailla Eugène Delacroix de 1857 à sa mort, a été transformé en musée.*
Il évoque l'œuvre et la vie du chef de file de l'école romantique.

⓯ Tu bifurqueras dans une rue qui, malgré les apparences, n'a aucun rapport avec le personnage portant le nom de la rue et de la place précédente. En effet, le « E » final les différencie.

⓰ Tiens ! à nouveau ce même fossile dont la forme rappelle la rue qui s'achève. Mais pour bien le voir, tu le longeras maintenant en sens inverse. Puis, après avoir été obligé de changer de direction, prends soin de pas être à côté, mais sur la plaque (E.d.F. bien sûr !).

⓱ Quand tu auras atteint l'origine

de la rue, engage-toi dans une voie rappelant la fille de François Mitterrand.

> *En descendant dans le parking du n° 27 de la rue, on peut voir un fragment de l'enceinte de Philippe Auguste édifiée vers 1200. Champollion déchiffra les hiéroglyphes au n° 28 et Molière fit ses débuts au n° 12 dans l'Illustre-Théâtre.*

18 Le père de *Candide* sera dans l'herbe pour te voir aller au coin, à la porte.

> *Mazarin a voulu ce bâtiment pour abriter le collège des Quatre-Nations, Le Vau en fut l'architecte, et Napoléon y installa l'Institut de France. Il est composé de cinq Académies : l'Académie française constituée de quarante membres, l'Académie des inscriptions et belles-lettres, des sciences, des beaux-arts et des sciences morales et politiques.*

> *La tour de Nesle se trouvait à l'emplacement du pavillon gauche de l'Institut. Elle faisait partie de l'enceinte de Philippe Auguste.*

19 Lorsque tu auras franchi cette porte, rends-toi dans la direction de l'orient, du soleil levant. Le faîte du bâtiment de l'Institut de France t'aidera à la trouver.

> *Au n° 11, l'élégant hôtel des Monnaies a été achevé en 1775 par l'architecte Antoine. On y frappait les monnaies jusqu'en 1973. Aujourd'hui,*

on y façonne toujours les poinçons. Son musée renferme une importante collection de monnaies et médailles, depuis l'Antiquité jusqu'à nos jours.

20 Rangée par ordre alphabétique, elle s'appelle EEINS. Descends la rejoindre le plus vite possible, le plus près possible. Puis continue ton chemin toujours dans le même sens.

21 Quand un pont aura gardé la marque d'un empereur français, il faudra que tu marches trente-neuf fois pour faire une place à la fontaine.

22 Après avoir dépassé l'arrêt de bus dont le numéro peut se retourner, emprunte la rue qui commence sa vie, là où un gardien de la paix l'a finie. Elle t'accompagnera pendant 300 m environ et tu ne devras pas atteindre un carrefour déjà rencontré.

23 Elle peut être d'appel, de cassation ou de récréation. Mais celle que tu dois maintenant traverser est dédiée au commerce. Posté à l'angle de la rue précédente, le patron de la rue en surveille l'accès.

> *Ici, dans le grenier du n° 9, le docteur Guillotin essaya sur des moutons sa nouvelle machine, et, dans l'imprimerie du n° 8, Marat a fait publier son journal l'Ami du peuple. Tu longeras l'arrière du café le Procope : les plus grands personnages de la vie des XVIIIe et XIXe siècles s'y donnaient rendez-vous.*

24 Ce révolutionnaire a sa statue érigée à la place de sa maison, il te montrera, avec précision, la direction à suivre.

25 Si elle fumait, comme c'est la vocation de toutes ses congénères, tu aurais pu la repérer plus facilement, mais, à l'inverse de la cigarette, elle te permettra plutôt de retrouver certaines facultés.

> *Au n° 15 ne subsiste que le réfectoire du couvent des Cordeliers fondé en 1230. Les frères Franciscains y dispensaient au Moyen Âge un enseignement renommé. Sous la Révolution, le club animé par Desmoulins, Danton et Hébert prit le nom du couvent où il siégeait.*

> *Au n° 12, le musée de l'Histoire de la médecine présente les différents instruments de chirurgie depuis l'Égypte jusqu'à la fin du XIXe siècle.*

> *Sarah Bernhardt est née au n° 5.*

26 Le nom de la rue suivante ne pourra être que dramatique, et te réservera un coup de théâtre final.

> *Ce bâtiment fut achevé en 1782 par Peyre et de Wailly pour les comédiens de la Comédie-Française. En 1784 Beaumarchais y fit jouer la première du Mariage de Figaro et Sarah Bernhardt y joua de 1866 à 1872. Il présente actuellement*

*des spectacles modernes et
contemporains.*

㉗ Zappe en passant d'une chaîne à l'autre. En suivant la quinzième (et dernière) chaîne, tu atteindras la clef de voûte qui te donnera ta direction.

㉘ Le Père Noël aura quelques problèmes à utiliser ce conduit. Il est cependant situé devant la porte que tu devras franchir.

㉙ Malgré l'homonymie, il n'y a aucun rapport entre ce grand fabuliste français et le superbe monument que Marie de Médicis fit élever vers 1630 et devant lequel tu passeras.

> *Se déplaisant au Louvre, Marie de Médicis demanda, au début du XVIIe siècle, à Salomon de Brosse de construire un palais d'inspiration italienne. Ce qui devint le palais du Luxembourg abrita une prison sous la Révolution. Au XIXe siècle, Alphonse de Gisors le réaménagea et Delacroix en décora une partie de la bibliothèque et ce bâtiment put ainsi accueillir le Sénat.*

㉚ Toutes à l'heure, les statues de la Paix, la Justice, la Prudence, l'Éloquence, la Sagesse et la Guerre t'emmèneront à un train de sénateur vers une fontaine dédiée à un peintre.

㉛ Parcours la façade d'un édifice voisin initialement consacré à un fruit. En fin de compte, tu y retrouveras la statue de Phidias, l'architecte du Parthénon.

㉜ Longe le premier terrain où les participants peuvent subir des revers. Puis en continuant tout droit, tu rencontreras un poète, membre d'une illustre institution rencontrée sur ton parcours.

㉝ Ce sera le moment de tourner pour passer devant l'entrée de la maison de petites bêtes qui ont du piquant.

㉞ Elle peut être de secours ou de

bain et tu prendras la plus proche de toi.

35 Immédiatement, tu couperas la rue dont le nom, sans particule, est formé de deux lettres différentes.

Couper la rue... Plus facile à dire qu'à faire !

36 Heureusement que le volet est fermé, car tu peux ainsi connaître plus facilement le nom de la rue terminant cet itinéraire.

37 La patience et l'opiniâtreté ont été deux des qualités nécessaires au capitaine Dreyfus, ainsi qu'à ses défenseurs, pour qu'éclate la vérité. Quand tu rencontreras sa statue au garde-à-vous, te regardant finir ton trajet, tu sauras que, toutes proportions gardées, ces mêmes qualités t'ont permis d'arriver au bout de ton parcours et tu peux en être félicité.

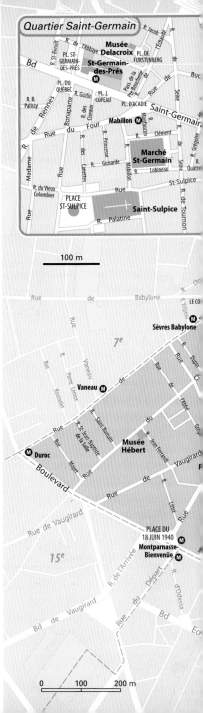

Quartier Saint-Germain

R. Jacob · R. Jacob · R. de l'Abbaye · **Musée Delacroix** · PL. DE FURSTENBERG · **St-Germain-des-Prés** Ⓜ · PL. ST-GERMAIN-DES-PRÉS · Bd · R. St-Benoît · PL. DU QUÉBEC · R. B. Palissy · R. Gozlin · PL. J. COPEAU · PL. D'ACADIE · Saint-Germain · Bd · de Rennes · Rue du Four · **Mabillon** Ⓜ · R. Bonaparte · R. des Ciseaux · R. Princesse · R. Guisarde · R. Clément · R. Mabillon · **Marché St-Germain** · R. Lobineau · R. Grégoire · R. Quatre · Buc · de Seine · Rue du Dragon · R. Madame · Rue des Canettes · R. du Vieux Colombier · **PLACE ST-SULPICE** · Rue · R. Palatine · **Saint-Sulpice** · St-Sulpice · R. de Tournon

100 m

Rue · de · Babylone · **Sèvres Babylone** Ⓜ · 7ᵉ · Rue · Vaneau · Rue Pierre Leroux · R. Rousselet · de · **Vaneau** Ⓜ · R. St-Jean-Baptiste de la Salle · R. St-Romain · **Musée Hébert** · du · R. Jean Ferrandi · Vaugirard · Ⓜ **Duroc** · Rue Mayet · Rue · **Boulevard** · de · Rue · Littré · Rue · **Rue de Vaugirard** · 15ᵉ · R. de l'Arrivée · **PLACE DU 18 JUIN 1940** · **Montparnasse-Bienvenüe** Ⓜ · R. du Départ · R. d'Odessa · Bd · de · Vaugirard · Rue · du · Bd

0 · 100 · 200 m

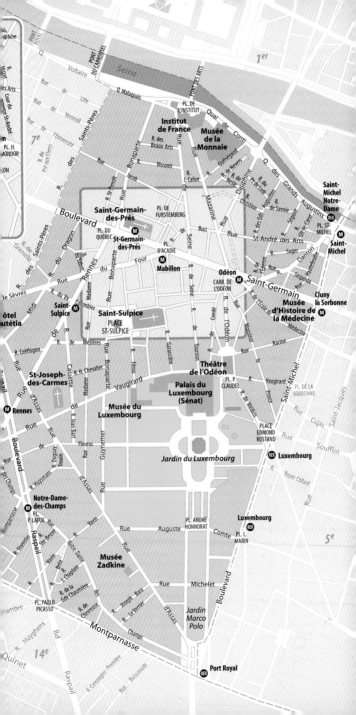

7e arrondissement

Si tu es dans l'état de santé correspondant au nom de la station de métro à l'extérieur de laquelle commence ce parcours, mieux vaut ne pas venir, car il te faudra beaucoup marcher.

❶ C'est le nombre de coups frappés au début d'une représentation théâtrale, c'est, pour les cinéphiles, le nombre de lanciers du Bengale, le nombre de mousquetaires dans le roman d'Alexandre Dumas et le nombre de Suisses utilisé dans le nom d'une grande entreprise de vente par correspondance. C'est par ce nombre que sont rassemblées les fenêtres du premier étage, sur l'un des trottoirs, du premier immeuble de la rue débutant ton parcours

> *En passant, admire au n° 128, la cour du magnifique hôtel de Lassay qui est la luxueuse résidence du président de l'Assemblée nationale.*

> *Le palais Bourbon, dont tu vois l'arrière, a été bâti en 1722 pour la duchesse de Bourbon, fille de Louis XIV et de Mme de Montespan. Au cours de l'histoire, il a appartenu au prince de Condé et*

a servi au conseil des Cinq-Cents pendant la Révolution. En 1807 Napoléon fait construire par Poyet l'actuelle façade de la Concorde, répondant ainsi à celle de la Madeleine. Depuis plus d'un siècle et demi, le palais Bourbon abrite l'Assemblée nationale.

❷ Tourne dans la rue d'un homme Briand.

Briand, Briand... Danny Briand?

Si jeune et déjà une rue à son nom! Quelle chan...

3 Remonte la Seine à contre-courant et tu croiseras un arrêt d'autobus dont la somme des chiffres est égale à 181.

4 Passe entre un mammifère à corne et un mammifère à trompe.

> *Le musée d'Orsay est installé depuis 1986 dans les bâtiments de l'ancienne gare de chemin de fer « Paris-Orléans » construite en 1900 sur les plans de Victor Laloux. Il est consacré aux arts du XIXe siècle et réunit toutes les formes d'expression artistique : peinture, sculpture, architecture, arts décoratifs, cinéma, photographie, arts graphiques, musique, littérature, histoire...*

> *En face, le superbe hôtel de Salm (XVIIIe siècle) abrite le musée national de la Légion d'honneur et des Ordres de chevalerie.*

5 Sur cette esplanade les cinq continents sont au nombre de six. En partant de l'Océanie et en passant par l'Europe tu parviendras à une belle victoire lorsque la personnification de la « force de la volonté » regardera ton nouveau chemin.

6 Lorsque tu ne pourras plus aller tout droit, multiplie par lui-même le numéro de cet arrondissement, et tu obtiendras le numéro de l'immeuble vers lequel tu devras tourner.

7 Après avoir croisé l'immeuble où résida Lamartine, tu constateras que la crue de la Seine a laissé des traces au n° 18 de la rue suivante.

8 Plus loin, tu changeras de direction peu avant la maison où Monge mourut, où Alphonse Daudet habita et où sa veuve reçut Marcel Proust.

> *Construite en 1857 en s'inspirant de la cathédrale de Cologne, la basilique Sainte-Clotilde est l'une des premières de conception néo-gothique. Ses orgues sont renommées, César Franck en fut le premier organiste.*

9 Une mère apprend à lire à sa fille. Ne la dérange pas en traversant son enclos de verdure.

10 Passe sous le drapeau de l'administration de ceux qui ont pour métier de se battre pour lui.

11 Tu n'es pas à mi-chemin, ne va donc pas à une allure d'escargot, même si la rue que tu croises peut t'y faire penser.

12 Dès que tu seras en place, tourne le dos à la feuille d'érable canadienne et à l'Union Jack britannique et passe sous deux drapeaux tricolores puis sous celui du pays du café.

13 Va vers la coupole d'or, franchis le fossé entre les canons, puis passe sous un Louis XIV équestre, entouré de la Prudence et de la Justice.

> *Le Roi-Soleil fonde en 1670 cet hôtel, Libéral Bruant en sera l'architecte. Il pourra accueillir jusqu'à quatre mille anciens soldats. Le dôme de Jules Hardouin-Mansart sera achevé en 1706 et recevra en 1840 les cendres de Napoléon. Au fond de la cour d'honneur. l'éalise Saint-Louis.*

d'intérieur austère, possède deux alignements de drapeaux arrachés à l'ennemi. Derrière, la somptueuse église du Dôme abrite les restes de l'Empereur ainsi que les tombeaux de grands militaires (Foch, Turenne, Vauban, Lyautey...).

> *Le musée de l'Armée est un des plus riches au monde. Le musée des Plans-reliefs et le musée de l'Ordre de la Libération sont à voir également.*

14 Recherche successivement : le maniaque, le briseur, la tour d'Auvergne, l'âme, le nasillard, le dédain, l'hostile, le maître, le martial et le furieux. Ils te mèneront au passage à prendre pour rejoindre quatre vertus et deux rois de façade.

Un si grand Tombeau Pour un Si petit homme!

15 Une fois arrivé sur le perron de l'église, tu tenteras de deviner qui est *Saint Louis* (par Nicolas Coustou) et qui est *Charlemagne* (par Coysevox). En prolongeant le chemin qui va du premier au second, tu trouveras une issue au jardin.

16 À peine sorti, ne perds pas le nord et prends le chemin où est inscrit le nom de l'institution que tu viens de quitter. Puis, des fenêtres de la résidence du gouverneur de cette institution, il sera possible de te voir tourner dans la rue suivante.

› *Construit en 1728 pour un perruquier enrichi dans les spéculations de Law, le bel hôtel Biron abrite le musée Rodin. Le sculpteur viendra s'y installer en 1908. On peut y voir ses œuvres les plus célèbres comme le* Penseur*, le* Baiser*...*

17 Tiens ! les bourgeois de Calais sont à la fenêtre mais malheureusement de dos.

› *Dans cette rue, les beaux hôtels particuliers du XVIIe siècle sont devenus des ministères ou des ambassades. Au n °57, le plus célèbre, l'hôtel Matignon est la résidence du Premier ministre. Mais il ne fait pas parti de ton parcours.*

18 Avant de passer devant beaucoup de belles demeures dont on ne voit, le plus souvent, que la porte, recherche l'hôtel de Clermont et consulte son histoire. Tu pourras ainsi poursuivre ton trajet dans la rue portant le nom de celui qui fut son propriétaire en 1836.

19 Lorsque tu auras épuisé tous les charmes de la rue, et donc

longé les territoires suédois et tunisien, va dans la direction du soleil couchant en te dirigeant vers un bâtiment représentatif de l'empire du Soleil-Levant.

› *Cet édifice a été démonté, transporté du Japon et rapporté ici en 1895 par un directeur du Bon Marché pour son épouse. Il fut ensuite transformé en cinéma où Jean Cocteau présenta le Testament d'Orphée.*

20 Si tu es fatigué, tu pourras t'asseoir quelque temps à côté de celui qui décrivit les beautés des villes et la grandeur des humbles. Ces principales œuvres sont : les Humbles, le Reliquaire, les Récits

23 Continue sur ta lancée et avec la rage d'arriver au bout de ton parcours, tu parviendras ainsi à celui qui l'a combattue.

24 Après avoir vu ce grand homme, tu pourras faire des provisions les jeudis et samedis dans l'avenue que tu devras maintenant emprunter.

et les Élégies, le Cahier rouge, le Passant, Pour la couronne...

› *En novembre 1918, le maréchal Foch habitait le n° 52 de l'avenue.*

21 Passe entre les tables autour desquelles on ne s'assoit pas et où l'on subit quelquefois des revers.

25 Puis tu passeras devant un État ayant Kiev pour capitale.

22 Habituellement, elle est sur un toit, mais dans ce cas le ramoneur aura sa tâche bien simplifiée, et toi, tu auras ton chemin trouvé.

26 Avec un peu de tolérance, tu arriveras à un square sous verre dans lequel tu ne pourras entrer.

› *La construction du siège de l'U.N.E.S.C.O. (Organisation des nations unies pour l'éducation, la science et la culture) est une œuvre commune de l'Italien Nervi, de l'Américain Breuer et du Français Zehrfuss. Plus de 191 États en font actuellement partie. Elle a pour vocation de promouvoir la paix entre les nations.*

27 Tu es face à l'école où Bonaparte étudia quand il était jeune. Il entra avec l'appréciation « fera un excellent marin » et en ressortira lieutenant d'artillerie avec la mention : « ira loin si les circonstances le favorisent. » Dirige-toi maintenant vers son tombeau, près duquel tu t'es récemment rendu.

28 Tu parviendras rapidement à un arrêt d'autobus. Recherche ce même arrêt pour aller dans la direction opposée.

29 Une fois le grand et proche carrefour atteint, il sera pour toi l'heure de changer d'orientation. Une horloge, située dans ta nouvelle direction, l'attestera et t'y attendra.

> *Tu as fait le tour de l'École militaire. Elle fut construite sur l'initiative de Mme de Pompadour par l'architecte Jacques-Ange Gabriel. Elle était destinée à donner à des gentilshommes pauvres une formation d'officier. C'est une des plus belles œuvres architecturales du XVIIIe siècle. Elle regroupe aujourd'hui les établissements d'enseignement militaire supérieur.*

Tout le monde aux Taxis !

30 Suis maintenant la direction du héros des campagnes de la Marne, de Flandre, de Champagne et de la Somme.

> *Ancien champ de manœuvres appartenant à l'École militaire, le Champ-de-Mars a accueilli la fête de la*

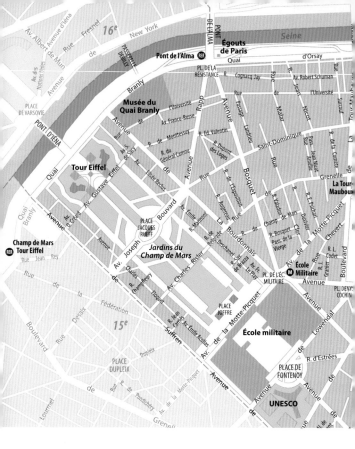

Fédération le 14 juillet 1790 et la fête de l'Être suprême pendant la Révolution. Il abritera un grand nombre d'expositions dont les expositions universelles de 1867, 1878, 1889, 1900 et 1937.

31 Elle peut être de contrôle, d'ivoire ou pièce d'un jeu. Tu trouveras le buste de son constructeur sous son œuvre.

> *Elle a été édifiée à l'occasion de l'Exposition universelle de 1889. Elle pèse 7 000 tonnes et mesure 320 m de haut. L'oscillation de*

son sommet ne dépasse pas 12 cm par très grand vent. Sa hauteur peut varier de 12 cm suivant la température. Du troisième étage et quand le temps le permet, on peut voir jusqu'à 67 km. Elle attire plus de trois millions de visiteurs chaque année.

32 Dans le dos du cheval dont un homme peu vêtu caresse la crinière, tu suivras la ligne de pierre au milieu du sable.

33 Tu remonteras à nouveau le courant, attiré par les courbes

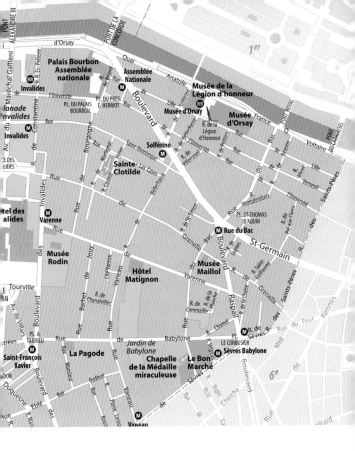

métalliques d'une voie réservée aux piétons.

34 Une fois atteinte, et sans l'emprunter, tu continueras ton parcours au-dessus de la berge en longeant des grands bacs à sable pour adultes.

35 Un soldat fait le zouave au milieu de la Seine. En 1910, il avait de l'eau jusqu'au menton. Lorsque tu auras su qu'il était possible de visiter les égouts de Paris, ce militaire te regardera partir puis consulter trois livres parlant de campagne.

> *Les voies sur berges sont fermées lorsque l'eau atteint les pieds du zouave, la Seine est interdite à la navigation lorsqu'elle atteint ses mollets. Lors de la crue de 1910, l'eau lui arrivait au cou.*

36 En continuant ta promenade, un messager t'annoncera la fin imminente de ton périple.

37 L'aérogare sera aussi ton terminus, et nous espérons que tu as fait un bon voyage et que nous te reverrons rapidement sur nos lignes.

8e arrondissement

La partie la plus à l'ouest de cet arrondissement te désignera le début de ta promenade. Adossées à un immense dé de pierre, les sculptures la *Marseillaise* de Rude et le *Triomphe de Napoléon* de Cortot te regarderont descendre la plus célèbre des avenues.

> *Le prince de Galles, le roi de Belgique et quelques autres grandes figures du début du siècle dernier fréquentaient régulièrement l'Élysée Palace, un hôtel de quatre cents chambres qui se situait au n° 103 de cette avenue. Le 13 février 1917, Mata Hari fut arrêtée dans la chambre n° 113. Il fut racheté en 1919 par une banque, l'intérieur a été remanié et il ne reste plus qu'une somptueuse façade.*

❶ Son nom est un prénom, il se termine par un « S » en français. Bien qu'il ait été le cinquième, il fut le premier en Grande-Bretagne. Tu tourneras dans l'avenue portant son nom.

> *À l'angle des deux avenues, remarque le café créé en 1898 par Louis Fouquet. Il était au début du siècle dernier le bar préféré des as de l'aviation, Nungesser,* Guynemer, Santos-Dumont, puis, *il devient celui des producteurs, réalisateurs et comédiens comme Raimu, Gabin... Il est maintenant le lieu où l'on fête les remises des prix (César, Molière) et les grandes victoires sportives.*

❷ Décidément, cette avenue est bien fréquentée puisque tu croiseras successivement un prince et un roi britanniques. Mais l'hospitalité n'est plus ce qu'elle était puisque qu'il te coûterait très cher de loger chez eux.

> *Au n° 23, la cathédrale américaine de la Sainte-Trinité possède la*

plus haute flèche de Paris (84 m).
Son cloître abrite un mémorial
dédié aux morts américains
des deux guerres mondiales.
Dans l'église, la voûte est en chêne
et les quarante vitraux de la nef,
sur deux niveaux, représentant le
Te Deum, forment la plus vaste
série du monde.

3 Longe maintenant le pays de la paella et de la corrida, puis continue vers celui du riz, de la porcelaine et de la Grande Muraille.

4 À l'instar de ce célèbre écrivain du XVIe siècle, il te faudra peut-être plusieurs essais pour trouver sa voie, au moment où le métro t'ouvrira sa bouche.

› *Au n° 15 les frères Perret ont*
construit ce théâtre en 1913.
Ils furent les premiers architectes
à utiliser le béton armé pour les
immeubles d'habitation.

Sur le fronton du bâtiment,
Apollon et sa méditation
(1910-1912) a été sculpté par
Bourdelle.

› *La Comédie des Champs-Élysées,*
qui jouxte ce théâtre, fut dirigée
par Louis Jouvet de 1922 à 1934.
Il y fit représenter des œuvres
d'Anouilh, Giraudoux, Pirandello,
Shaw, Tchekhov...

5 Continue ton chemin, les grands couturiers se succèdent dans cette avenue. Lorsque le trottoir de celui qui créa le *New Look* après guerre rendra hommage à son prédécesseur Paul Poiret, il te faudra aller vers la fontaine.

6 Une fois ce petit monument atteint, tu iras au bout de cette rue dont le nom incite, plus qu'ailleurs, à être sans peur et sans reproche. Tu seras alors sur la bonne longueur d'onde.

7 Sur la chaussée de ta prochaine rue, seuls les autobus et les taxis pourront aller dans ta direction.

> Au n° 61, l'hôtel Le Hon fut longtemps le siège de l'hebdomadaire de Marcel Dassault Jours de France. En 1844 le duc de Morny fit cadeau du terrain à sa maîtresse, la belle comtesse le Hon, pour y faire construire ce somptueux hôtel particulier.

> Ce rond-point fut tracé par Le Nôtre en 1670, et agrémenté plus tard par des fontaines et des parterres de fleurs.

8 Les femmes ont quelquefois de multiples visages, les vingt-neuf visages pétrifiés de cette belle inconnue, t'accompagneront et feront le lien entre l'actuelle et la prochaine avenue.

> Au n° 2 bis de l'avenue, Davioud construisit en 1857 ce petit édifice. Celui-ci fut transformé en 1894 en palais des Glaces. Jean-Louis Barrault et Madeleine Renaud y fondèrent le théâtre du Rond-Point en 1980.

9 Deux chevaux se cabreront sur ton passage.

> Créé en 1937 par le prix Nobel de physique Jean Perrin, le palais de la Découverte est un établissement public à caractère scientifique. Sa vocation est de présenter au grand public, de la manière la plus abordable, le savoir scientifique contemporain. On peut donc y voir de nombreuses expérimentations qui sont quelquefois fort spectaculaires.

> En face, au n °37, une construction provisoire, édifiée pour l'Exposition de 1937, est devenue une institution de la grande gastronomie française.

10 En continuant ta promenade, la nature se fera rapidement plus présente, un érable à sucre te conduira sous une arche de pierre. Puis sous le regard des poissons rouges et après avoir croisé une passerelle, traversé le cours et coupé des rangées d'arbres, tu rejoindras ce Français, grand ami des Américains.

> La feuille stylisée se retrouve sur le drapeau du Canada. C'est avec la sève de cet arbre qu'on fabrique le sirop d'érable. On la récolte en introduisant un tube creux à travers l'écorce jusqu'aux vaisseaux conducteurs de sève, puis on fait bouillir.

11 Remonte le courant, et tu constateras que l'Exposition universelle de 1900 nous laisse de bien beaux souvenirs.

> *Le pont Alexandre III fut édifié en l'honneur de l'amitié franco-russe. Construit d'une seule volée, son tablier de fonte est suffisamment bas pour préserver la perspective des Invalides depuis les Champs-Élysées.*

> *Le Grand Palais, comme le Petit Palais, avait été conçu à titre provisoire. Bâti par une équipe d'architectes dirigée par Girault, il fut dès l'origine consacré à la gloire de l'art français. Il abritait de nombreuses foires et salons jusqu'à sa fermeture en raison de son instabilité. Sa grande nef, faite de métal et de verre fut considérablement mise en valeur par un éclairage bleuté en 1989.*

⑫ Descends sur les berges de la Seine en remontant vers sa source. Les habitants des bateaux ancrés ici peuvent recevoir du courrier. Si tu vois toutes leurs boîtes aux lettres, fais quelques pas en arrière pour rejoindre un roi belge qui chevauche dans ta nouvelle direction.

⑬ Maintenant tu seras en bonne place pour voyager : à l'aide des sculptures, passe par Bordeaux et Nantes. Admire la reproduction des *Chevaux* du sculpteur Coustou dont les originaux, en marbre de Carrare, se trouvent au musée du Louvre.

> *Cette place fut conçue par Gabriel en 1762. Au centre trônait une statue équestre de Louis XV. À la Révolution, une guillotine lui succéda. Elle a vu des milliers d'exécutions dont celle de Louis XVI, Marie-Antoinette, ainsi que celles des chefs de la Révolution. Au XIXe siècle l'un des deux obélisques du temple de Louxor viendra en agrémenter le centre. À cette occasion, l'architecte Hittorf la rénova, repensa les jardins,*

y apporta de l'éclairage grâce à de somptueux candélabres. Il y ajouta deux fontaines inspirées de celles de la place Saint-Pierre à Rome.

🄬 Dans le dos de Brest, recherche deux séquoias : un sempervirens, puis un géant. Non loin de toi, l'espace Pierre-Cardin accueille des expositions et des spectacles.

🄯 Une naïade sortant de son bain t'annoncera le début du pavillon Gabriel qui est un restaurant et accessoirement un studio de télévision.

🄰 Lorsque l'érable lacinié te confirmera ton chemin, un ancien maire parisien se sera mis autant en évidence en plantant un cèdre, qu'un chef de Gouvernement assassiné qu'il entend honorer.

🄱 Le coude droit d'Alphonse Daudet te montrera la direction d'une superbe grille surmontée d'un coq d'or derrière laquelle on peut entrevoir le palais de l'Élysée avec son parc à l'anglaise.

> *Construit en 1718 par Mollet, il servit de résidence à Mme de Pompadour, puis à son frère le marquis de Marigny, aux ambassadeurs extraordinaires, au financier Beaujon (1773), à la duchesse de Bourbon (1788), à la princesse Caroline Murat. Napoléon Ier s'y établit durant les Cent-Jours et y signa son abdication. Depuis 1883, l'Élysée est la résidence de tous les présidents de la République française.*

🄲 Lorsque, non loin de là, tu auras vu les cinq stèles, tu auras peut-être

besoin de regarder la plaque pour connaître le résistant à qui elles rendent hommage.

🄳 Va devant le type de bâtiment dont il est question dans l'énigme n° 7 sur le parcours du 18e arrondissement. Puis, en regardant attentivement sa façade, réfléchis quelque peu sur le vrai et le faux grâce à l'écrivain et dramaturge Ödön von Horváth. Ensuite, tu suivras Offenbach, Labiche, Hervé et Scribe, ils te conduiront vers quatre enfants peu frileux et souvent mouillés. Ils symbolisent les quatre saisons.

> *Cette salle fut construite par Garnier en 1883. Un peu plus loin caché derrière les arbres se trouve le théâtre du Vrai-Guignolet fondé en 1818 par Guentleur et exploité par ses descendants jusqu'à une date récente.*

J'ai des cousins très célèbres à la télé !

🄴 Après avoir dépassé le lieu où se manifestent traditionnellement Guignol, Gnafron et Polichinelle, quatre avenues et une rue se croisent en un point. La forme

de ce point te permettra de découvrir son nom et ainsi de t'y rendre.

21 Il n'habitait pas l'Élysée mais la Maison Blanche, la prochaine avenue de ton parcours lui est dédiée. Puis, tu parviendras à un lieu de culte dont le nom a quelque chose de commun avec le duc d'Édimbourg, Bouvard, Auguste ou Noiret.

22 L'avenue suivante commencera par un arrêt d'autobus dont la triple différence des deux plus petits numéros d'autobus est égale au numéro du plus grand.

23 Recherche ensuite ta bonne étoile, elle flotte sur le drapeau d'un pays appelé jadis la Haute-Volta et dont le nom maintenant signifie « le pays des hommes intègres ».

24 Le haut du drapeau récemment observé est de la couleur du bâtiment exotique devant lequel tu dois te rendre.

> *De 1926 à 1928, un galeriste et antiquaire Ching Tsai Loo fit construire cet édifice par l'architecte Fernand Bloch. Il était spécialisé dans l'importation d'art oriental. Aujourd'hui encore,*

sa compagnie dirigée par la troisième génération continue de compter dans ce commerce dont la pagode reste la référence.

> *Maintenant, tu entres dans la plaine Monceau, quartier de la bourgeoisie montante, industrielle et financière du XIXe siècle.*

25 L'architecture de l'immeuble du n° 6 de la rue suivante te rappellera le pays du personnage qui lui a donné son nom.

Je suis un peintre célèbre originaire de "L'autre Pays du Fromage"

26 Quand les fenêtres du rez-dechaussée auront des sourcils bleus, tu tourneras pour passer non loin du buste d'un barbu.

27 En suivant la frontière du territoire algérien, tu seras amené à franchir une de ces cinq imposantes grilles en fer doré dessinées par Gabriel Davioud et exécutées par Ducros. Tu rencontreras les quatre autres dans la suite de ton parcours.

28 Puis, tu longeras la maison, qui est accolée à cette grille, et où vécut le libérateur du territoire français de la Provence au Rhin. Tu continueras ensuite ton parcours en restant toujours sur le même trottoir.

> *Au n° 63 de la rue, le comte Moïse Nissim de Camondo fit construire en 1910 une somptueuse demeure pour mettre en valeur sa riche collection de peintures, de boiseries, d'orfèvrerie, de porcelaines et de meubles extrêmement précieux. Il légua l'hôtel avec tout son contenu, à l'Union centrale des arts décoratifs.*

29 Au prochain carrefour, tu remontras la file (peut-être virtuelle) de ces voitures qui, contre rémunération, emmènent leurs clients dans le lieu de leur choix.

30 Recherche une grille monumentale identique à celle déjà rencontrée. Après l'avoir franchie, tu remarqueras les médaillons d'Aristote et de Léonard de Vinci qui ornent la façade de l'hôtel particulier de Henri Cernuschi.

> *De ces voyages en Asie et en Amérique, ce financier d'origine milanaise rapporta quelque cinq mille bronzes, des céramiques et des bois sculptés. À sa mort, il fit don de son hôtel et de ses collections à la Ville de Paris.*

31 Entre dans le parc Monceau. Non loin de toi en plein air, traverse la porte de pierre, où l'on passe de dehors à dehors.

> *Elle est authentique et vient de l'ancien Hôtel de Ville de Paris incendié pendant la Commune. Elle débouche sur un bassin nommé la Naumachie autour duquel s'arrondit une colonnade.*

> *Ces colonnes corinthiennes du XVIe siècle proviennent de la chapelle en rotonde que Catherine de Médicis voulait faire édifier au flanc de la basilique Saint-Denis. Cette chapelle était destinée à enfermer son tombeau et celui de son mari Henri II. Après avoir traîné en longueur, les travaux ont été définitivement arrêtés à la mort de la reine. Les colonnes furent ainsi*

récupérées deux siècles plus tard par Carmontelle.

32 Comme une parabole, la colonnade sera pointée sur la suite de ton chemin.

33 Elle peut être de salaires, de programmes radio et TV, un quadrillage pour mots croisés. Mais les deux identiques que tu rencontreras seront séparées par une rotonde.

> *La rotonde de Chartres fait partie des rares survivants de l'enceinte des fermiers généraux qui entourait Paris. Elle fut édifiée par Ledoux (1785-1789). Un siècle plus tard, Davioud, un autre architecte, coiffera la rotonde de son dôme.*

34 Tu en as déjà vu quatre en tenant compte des deux récemment découvertes. Recherche la cinquième, elle te permettra de sortir de ce parc.

35 Une fois franchie, informe-toi le plus rapidement possible des derniers spectacles parisiens et tu seras sur la bonne voie.

36 À l'aide de son anagramme, trouver le nom de la rue suivante se révélera « ardu ».

> *Au n° 12, la cathédrale Saint-Alexandre-Nevski a été édifiée de 1859 à 1861 par Kouzmine, premier architecte de la cour impériale du tsar. Cette église orthodoxe de style byzanto-russe porte sur sa façade une reproduction du Christ de Saint-Apollinaire-le-Neuf de Ravenne.*

37 Sans avoir recours à un jugement ou un acte authentique comme habituellement, un officier ministériel te signifiera de poursuivre devant chez lui ton chemin, et de remonter les numéros de sa rue.

38 À la fin de ton parcours, tu ne seras plus sur le gril, mais en marchant sur son homonyme tu bifurqueras dans la bonne direction.

39 Lorsque tu entreverras une *Marseillaise* qui a déjà débuté ton parcours, dirige-toi vers elle, tu es au bout de ta promenade. Tu pourras entonner l'hymne de la victoire.

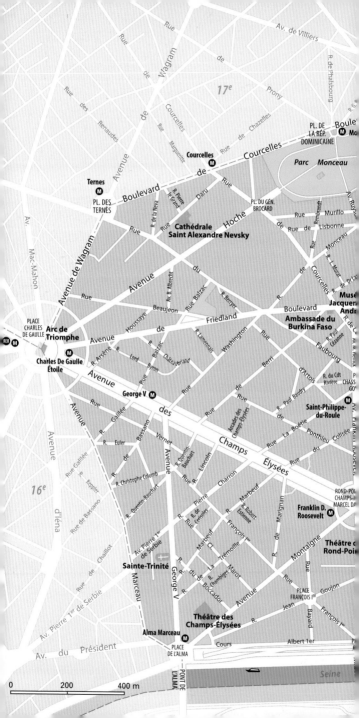

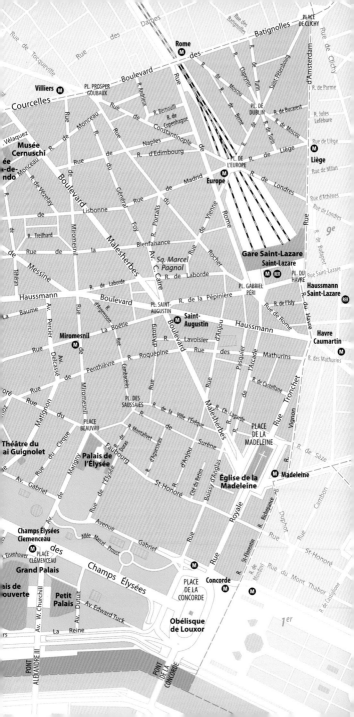

9e arrondissement

Aïda, le Barbier de Séville, la Bohème, Carmen, les noces de Figaro, la Tosca, la Traviata, Rigoletto, toutes ces œuvres ont un point commun. Le trouver te donnera le nom de la place où débute ton parcours.

① Il est religieux au masculin, plante au féminin et les enfants la dansent. Ce sera pour toi un boulevard qui débutera en paix.

② Pas de dieux grecs dans cette salle qui évoque le nom d'une montagne sacrée, mais seulement des chanteurs à succès qui se prennent quelquefois pour des dieux.

③ Sur le trottoir, tu fouleras rapidement une figure géométrique sans usage. Combien a-t-elle de côtés ? C'est le nombre d'enfants que possède une femme sur le

🎵 " *La Donna e mobile...* " 🎵

premier bas-relief du début de la rue dans laquelle tu tourneras immédiatement.

④ Deux dragons se présenteront de part et d'autre de ton nouveau chemin. N'en aie pas peur, ils resteront pétrifiés lorsque tu passeras entre eux.

⑤ Lorsque tu seras entre deux queues d'animaux de la famille des équidés, dirige-toi vers celui monté par un roi. Puis, parcours la rue de ce souverain.

⑥ Recherche les traces du Grand Café où, le 28 décembre 1895, deux frères montrèrent une sortie d'usine qui allait marquer le XXe siècle.

⑦ Malgré son nom, il n'était pas copiste égyptien, mais il écrivit des livrets pour des opéras. Engage-toi dans la rue qui porte son nom.

> L'Opéra dont tu vois le dos, a été construit de 1862 à 1875 par Charles Garnier. Il a été conçu pour accueillir la riche bourgeoisie du second Empire. Sa superficie est immense puisqu'il couvre 11 000 m², sa scène mesure 48 m de large et 27 m de profondeur. Son plafond a été décoré par Chagall en 1964. Le Grand Escalier et le Grand Foyer sont des œuvres marquantes. Sur sa façade, l'original du groupe sculpté par Carpeaux, la Danse, est aujourd'hui au musée d'Orsay, et a été remplacé par une remarquable copie de Paul Belmondo. Un lac souterrain et des ruches sur le toit font partie des originalités de ce bâtiment.

⑧ Sur la maison consacrée à leur art, tu feras successivement la connaissance des musiciens : Méhul, Nicolo, Weber, Bellini et Adam. Puis tu resteras de marbre en parcourant les arcades des galeries.

⑨ La rue dans laquelle tu dois maintenant tourner ne coupe pas totalement ce très grand magasin de saison. En effet, ses deux bâtiments sont toujours reliés de manière apparente.

> Au n° 63, le couvent construit en 1780 par Brongniart, l'architecte de la Bourse, pour l'ordre des frères Capucins, abritait à gauche une chapelle (devenue église Saint-Louis-d'Antin) et à droite le parloir des moines devenu aujourd'hui le lycée Condorcet.

❿ Quand il te faudra choisir ton chemin, tu iras vers cette lettre capitale se détachant sur le ciel. Malheureusement elle n'est pas à la gloire du modeste auteur de ce livre, mais elle te transportera de joie lorsque tu sauras qu'elle t'emmène dans la bonne direction.

⓫ Le bâtiment portant le nom de l'union de Dieu en trois personnes (le Père, le Fils, le Saint-Esprit) t'amènera à longer saint Grégoire, saint Hilaire, saint Augustin et saint Athanase, puis en allant de saint Ambroise à saint Bernard tu seras sur le droit chemin.

⓬ Recherche et emprunte une rue évoquant une tour où beaucoup d'hommes aimeraient être enfermés.

> *En 1820, la grande actrice Talma se fit construire l'hôtel particulier du n° 9 dont Delacroix décora la salle à manger. Une grande tragédienne de l'époque, Mlle Duchesnois, fit bâtir un hôtel particulier au n° 3. Il sera un rendez-vous des gens de lettres et Victor Hugo le fréquenta. L'hôtel particulier du n° 1 de la rue a appartenu, entre autres, au navigateur Louis Antoine de Bougainville, au maréchal d'empire Gouvion-Saint-Cyr et de 1822 à 1840 à la riche et célèbre comédienne du Théâtre- Français, Mlle Mars.*

⓭ Les trois niches vides de la rue suivante n'abritaient pas des chiens. Essaye de les dénicher.

> *Au n° 14, le musée Gustave-Moreau renferme un grand nombre d'huiles et d'aquarelles de ce peintre symboliste (1826-1898) dont la toile Jupiter et Sémélé est plus particulièrement remarquable.*

> *Nous sommes maintenant au centre du quartier « la nouvelle Athènes », ainsi baptisé par le poète Dureau-de-la-Malle en référence à la grécophilie ambiante. Ce nom était un gage de succès de cette opération immobilière, menée depuis 1820 par Lapeyrière et*

l'architecte Constantin afin de
créer un quartier résidentiel.
De nombreuses célébrités de
l'époque s'y installèrent.

14 De sa fenêtre, un grand peintre
t'aurait peut-être fait signe de
tourner, s'il n'avait pas déménagé
en 1902.

15 Entre deux livraisons, tu trouveras le chemin par lequel il te faudra
aller. Avoir résolu cette question te
donnera un « sacré cœur ».

16 Car, tu ne peux pas circuler dans
cette rue. C'est donc dans cette rue
du prochain carrefour qu'il te faudra t'engager.

> Au n° 16 de la rue, se trouve
le musée de la Vie romantique.
Le peintre Ary Scheffer s'établit
en 1830 à Paris dans cet hôtel parti-
culier. Il y organisa pendant près de
trente ans ses « vendredis » où se
rencontraient les plus grands noms
des arts et lettres de l'époque, dont
George Sand, Ernest Renan, Liszt,
Tourgueniev. On peut y voir, entre
autres, des œuvres de Delacroix,
Ingres, La Tour, et de nombreux
souvenirs de George Sand.

> Au fond de l'impasse du n° 20 bis

de la rue s'ouvrit en 1896 le théâtre
du Grand-Guignol. Il présentait un
spectacle d'horreur aux trucages
sanguinolents qui procurait des
sensations fortes au public. Mais les
trucages du cinéma du milieu du
XXe siècle eurent raison de ce type
de théâtre.

17 Double le dernier numéro
d'immeuble de la rue dans laquelle
tu progresses et tu obtiendras le
premier numéro de la rue suivante.
(Ils sont pourtant sur la même
maison).

18 Deux autobus se rendront
à la station Barbès-Rochechouard. Il
te faudra prendre la même
direction qu'eux.

19 Espérons que les hommes
ne seront pas trop troublés par les
magasins rencontrés. Lorsqu'une
place, une rue et une station
de métro auront le même nom,
tu continueras dans une rue qui
commence.

20 Tu longeras l'immeuble construit par le modeste architecte Ponthus en 1884 dans cette rue consacrée à un autre architecte puis tu remarqueras l'emplacement de l'atelier du peintre Degas.

21 Change de rue sans changer de direction

> *Paul Gauguin naissait en 1848 au n° 56 de la rue ; Héloïse et Abélard, les amants légendaires, sont représentés différemment aux nᵒˢ 54 et 49 (sur la porte).*

> *Au n° 27, le président Thiers acheta cette maison à Mme Dosne, épouse d'un spéculateur immobilier qui construisit le quartier Saint-Georges. Il en devint l'amant et épousa sa fille.*

> *En face, au n °28, l'architecte Renaud construisit cet immeuble dans un style gothique et Renaissance. Les bustes d'Apollon et Diane sont représentés au deuxième étage. Thérèse Lachmann, demi-mondaine qui venait d'épouser le marquis de Païva vint y habiter en 1851. Et sous le nom de « la Païva » elle devint la reine de Paris du second Empire.*

> *Le buste de Gavarni (1804-1866) est au centre de la place. Ce caricaturiste fut célèbre pour ses dessins pleins d'ironie décrivant la vie parisienne.*

22 Lorsque tu seras en place, évite la façade en trompe l'œil, elle ne

Ce trompe-l'œil m'a vraiment trompé !

doit tromper que ton œil et ne pas te faire dévier de ton parcours.

23 Une très grande partie des salariés travaille pour obtenir ce que distribuent les deux machines situées au début de ta prochaine rue.

> *La Ville de Paris fit édifier entre 1823 et 1836 l'église Notre-Dame-de-Lorette par l'architecte Lebas. D'inspiration romaine, l'intérieur est plus réussi que l'extérieur.*

24 En lisant la devise inscrite au-dessus des colonnes corinthiennes tu avanceras sur le bon chemin.

25 Après avoir franchi un carrefour commémorant le fondateur de la Hongrie démocratique, tu continueras ta promenade dans une rue rappelant une ville du département d'Eure-et-Loir.

26 Trouver la prochaine rue sera le cadet de tes soucis, mais tu feras un tabac quand tu la découvriras.

> *Au n° 16 de la rue, le musée du Grand-Orient de France nous apprend l'histoire, les symboles de reconnaissance et les grades de la franc-maçonnerie. Il nous parle des nombreux personnages célèbres ayant appartenu à ce mouvement.*

27 En une minute tu compteras autant de secondes que le numéro du premier immeuble de la rue suivante.

> *À partir de 1919, sous la direction de Paul Derval, les Folies-Bergère devint un des plus grands cabarets du monde. On put y voir Colette en danseuse nue, Joséphine Baker, Mistinguett, Maurice Chevalier...*

28 Elles peuvent être d'épingle, de pont, de linotte, de Turc ou à claques. Mais celles que tu suivras sur la façade te permettront de prendre le bon virage.

29 Le premier numéro de l'immeuble de la rue suivante évoquera le métier des occupants de la maison qui lui fait face.

30 Il n'y a qu'un chemin possible pour ne pas retrouver le carrefour récemment traversé.

31 Ne reste pas durablement à l'extérieur avant d'avoir croisé quelques personnages historiques.

> *Le musée Grévin évoque des scènes marquantes de l'histoire de France à l'aide de personnages de cire. D'autres mannequins représentent les grandes personnalités contemporaines. Des spectacles ont lieu dans le Cabinet fantastique et le palais des Mirages.*

32 En sortant du passage, tu te retrouveras en face de la sortie d'un autre passage emprunté par ce jeu dans le 2ᵉ arrondissement. Pour un bref moment, les deux trajets seront identiques, mais chacun sur le trottoir appartenant à son arrondissement. Recherche donc la solution à la question n° 35 de l'itinéraire sur le 2ᵉ arrondissement et tu connaîtras ta direction.

33 Quand, dans un même arrêt, cinq lignes d'autobus (trois de jour et deux de nuit) iront à la station Châtelet, va dans le sens inverse de leur direction.

> *Au premier étage du fast-food du coin de la rue, se tenait le Golf Drouot. C'est dans ce temple du rock and roll que les plus grands chanteurs yé-yé du début des années 1960 ont*

débuté : Johnny Hallyday, Eddy
Mitchell (les Chaussettes noires),
les Chats sauvages...

34 Lorsque tu estimeras qu'il faudra tourner, tu iras du côté de ceux qui estiment.

> Les dix-sept salles de l'hôtel Drouot sont fréquentées en moyenne par cinq à six mille visiteurs par jour. Les ventes aux enchères ont lieu la semaine. Elles sont rares le samedi et exceptionnelles le dimanche. Les objets exposés de 11 h à 18 h sont vendus le lendemain à partir de 14 h.

35 Les immeubles de la rue suivante débutent par les numéros des départements du Calvados sur un trottoir ou du Doubs sur l'autre trottoir.

36 Au moment où il te faudra choisir une direction, et après un dernier soupir (comme à Venise),

la lumière te viendra du sol et t'entraînera du côté de ce génial inventeur américain.

37 En continuant ton chemin, tu te rendras compte que, comme dans le dernier opéra de Wagner Parsifal, tu étais à la recherche du Graal. Mais ta quête est maintenant terminée et te voilà victorieux.

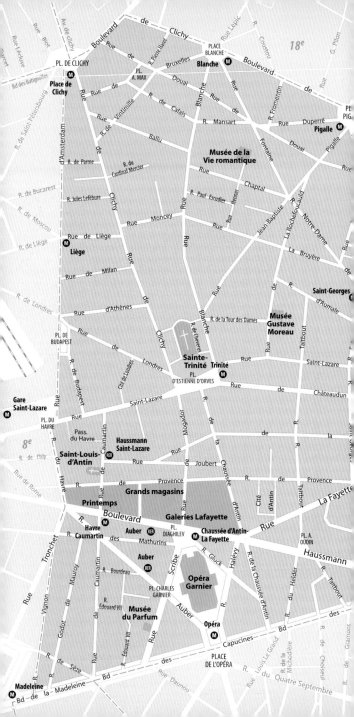

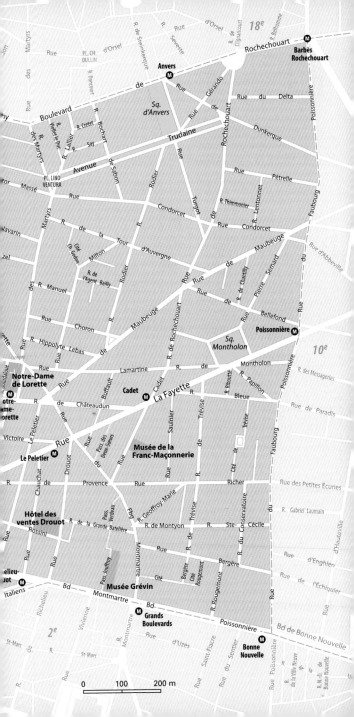

10ᵉ arrondissement

L'un possède une cathédrale et l'autre une basilique. L'accolement des lieux où elles ont été construites permet de trouver le nom de la station de métro à l'extérieur de laquelle débute ce parcours.

❶ Si tu choisis la bonne porte d'entrée, du haut de son premier étage, saint Antoine te verra débuter ce parcours.

> *Financée par la Ville de Paris en 1672, cette porte célèbre la gloire de Louis XIV au cours de la guerre de Hollande et sur le Rhin.*

❷ Face à une rue dont le nom rappelle une ville du département du Val-d'Oise, un passage t'entraînera vers les arômes et les senteurs de l'Inde et du Pakistan.

❸ Puis tu continueras le même chemin à ciel ouvert.

❹ Quand il est rouge, c'est un signe révolutionnaire ou communiste ; quand il est noir, il symbolise l'anarchie ; et quand il est blanc, il indique que l'on veut parlementer.

Celui vers lequel tu te dirigeras, à la fin du passage, est français.

❺ Avant de l'atteindre, recherche et parcours une petite galerie pleine de « charme ». Si tu n'es pas d'accord avec cette affirmation, tu constateras, au moins, que son nom en est l'anagramme.

❻ Elle peut être de voûte, anglaise, des champs, de sol et elle résoudra le mystère qui planait sur la suite de ton itinéraire.

❼ À peine seras-tu entré dans la rue suivante que tu rechercheras une des maisons les plus étroites de Paris puisqu'elle ne mesure que 1,5 m de large

Rue Bullet, se trouve l'une des maisons les + étroites de Paris...

On peut même pas dormir allongés !

9 Bien que, en sens inverse, la réponse à cette nouvelle énigme est la même que celle de la question n° 4.

10 On se demande pourquoi l'immeuble du coin de la rue dans laquelle tu dois tourner a un numéro ? Sa porte s'ouvre pourtant sur l'autre façade !

11 Prends garde à l'ombre de l'arbre sur le mur, elle est trompeuse et ne peut te mener que dans la mauvaise direction. Choisis donc l'autre côté pour tourner.

12 Face au portail de l'édifice où l'on peut recevoir le sacrement du mariage, la courte rue maintenant parcourue sera encore trop longue au goût des époux volages.

> L'église Saint-Laurent est une église composite formée d'un

environ. Méfie-toi des apparences et retrouve-la plus facilement en observant un à un les numéros de la rue. Sa fenêtre regarde la suite de ton parcours.

> Pierre-Désiré Gouthière, un des plus brillants artisans de son temps, inventa au XVIIIe siècle le procédé de dorure au mat. Il ne reste qu'une petite partie du somptueux hôtel particulier qu'il fit construire par Métivier au n° 6 de cette rue.

8 Lorsque le choix se présentera, préfère la rue à la cité.

clocher du XIIᵉ siècle, d'un chœur
du XVᵉ siècle remanié au XVIIᵉ.
Sa façade et sa flèche datent de
Napoléon III.

⑬ Tu seras au septième
ciel, au nirvana, en pleine euphorie
en lisant le nom de la rue suivante.

> Cette rue est le haut lieu du
cristal, de la faïence et de la
porcelaine. Remarque le n° 18 et au
n° 30 bis, le musée Baccarat expose
les plus belles pièces de cristal
réalisées de 1764 à nos jours.
Dans cet ensemble d'immeubles, les
grands noms de la porcelaine et de
la cristallerie sont réunis au centre
international des Arts de la table.

> Deux caryatides symbolisent
le commerce et le travail au n° 44 ;
le peintre Corot avait son atelier
au n° 58.

⑭ Lorsque la rue s'achèvera,
deux bonshommes t'apparaîtront
alternativement, l'un rouge et au
repos, l'autre vert et en marche.
Ils t'entraîneront de leur côté dans
le 10ᵉ arrondissement.

⑮ Tu tourneras au croisement
où un tunnel te permettra, si tu le
souhaites, de parcourir la longueur
d'une maison en sous terre.

> L'église Saint-Vincent-de-Paul a
été construite par Hittorf (1824-
1844) dans le quartier où
« M. Vincent » vécut et œuvra.
À l'intérieur, la fresque autour
de la nef est de Flandrin, et le calvaire du maître-autel est de Rude.

⑯ Au carrefour, sans nom,
emprunte la rue à 1 heure 30. En son

début, tu ne seras pas dans le pétrin, mais tu passeras très près en longeant ce magasin dont la femme du patron est bien connue des amateurs de Marcel Pagnol.

17 Prends le taureau par les cornes lorsqu'il te faudra obligatoirement changer de direction.

18 Tu devras rester le moins longtemps possible dans la rue où tu te trouves.

19 Il n'est ni en colimaçon ni mécanique, ni roulant, mais tu devras le descendre.

20 Puis, pour être sûr d'être sur la bonne voie, tu devras examiner successivement les vingt-huit possibilités. La police te confirmera, en fin de compte, que tu as choisi la bonne issue.

> *La gare de l'Est a été construite sous le second Empire. Son voisinage est traditionnellement le quartier alsacien et lorrain de Paris. En témoignent les nombreuses brasseries, les noms des rues...*

21 Recherche maintenant l'arrêt d'un autobus dont l'addition du numéro des dizaines et celui des unités correspond à l'arrondissement que tu parcours. Tu seras ainsi non loin de cet enclos réservé à certains adeptes d'un sport né dans la ville de Lyon, mais joué différemment dans celle de Marseille.

22 Le Nôtre a dessiné ceux de Versailles, Vaux-le-Vicomte et bien d'autres, certains peuvent y jeter une pierre et au théâtre il est en face du côté cour. Tu y accéderas donc par la porte la plus proche.

> *L'ancien couvent des Récollets fut transformé en 1802 en hospice des incurables, puis en 1861 en hôpital*

militaire. Il prit le nom de Jean-Antoine Villemin en 1913. La vétusté des équipements entraîna sa fermeture en 1968.

㉓ Une fois entré, tu iras dans la direction donnée par le nom de la gare récemment traversée.
Un mûrier blanc bien soutenu, te soutiendra dans la recherche de ton chemin.

㉔ Puis, celle qui n'est ni de Javel ni de Cologne, mais peut-être un peu trouble, arrêtera ta progression.

㉕ Lorsqu'il te faudra choisir ta direction, tu tourneras du côté des numéros d'immeubles qui pourraient être des numéros de départements français.

㉖ Face à la Seine-Saint-Denis, un chemin te promettra un peu d'animation et te permettra, comme a dit Arletty à Louis Jouvet, de changer d'atmosphère.

㉗ En regardant le canal, tu constateras que les écluses peuvent faire monter ou descendre les cours d'eau. Tu le longeras dans le sens de la descente.

> Au n° 102, l'hôtel du Nord doit sa célébrité au roman d'Eugène Dabit qui eut un grand succès populaire en 1929. Marcel Carné en a tiré un film, tourné en studio et maintenant plus connu que le roman.

㉘ Sans retourner sur tes pas, tu suivras le canal en allant sur la rive de ceux qui font de l'aviron sur un mur, ainsi, tu ne manqueras pas de faire un impair.

> Long de 4,5 km, le canal Saint-Martin a été creusé sous la Restauration pour relier le canal de l'Ourcq à la Seine. Avec son plan d'eau parfois plus élevé que la chaussée, il a besoin de neuf écluses pour compenser une dénivellation de 25 m. Il n'est plus adapté aux dimensions des péniches modernes.

㉙ En continuant sur la même rive, la première passerelle te dira « Hello » en langage mosaïque, et la deuxième mettra sa barrière au « garde-à-vous » pour te voir passer.

㉚ Il peut être aérien, d'avalanche, une zone d'une piste d'athlétisme, un passage dans un appartement. Juste avant que l'autobus ait le sien, tu traverseras à nouveau le canal.

31 Tu longeras cet ouvrage hydraulique qui permet aux bateaux de passer d'un plan d'eau à un autre de niveau différent, jusqu'à ce que Frédérick Lemaître te fasse entrevoir le bout du tunnel.

32 Alors que Lemaître te regardera dédaigneusement partir, deux enfants t'inviteront, par bonne heure, à prendre le chemin de la République.

33 La proclamation de la IIIe République eut lieu le 4 septembre 1870. Néglige les statues symbolisant la Liberté et la Fraternité, mais celle de l'Égalité ainsi que le bas-relief du 4 septembre 1870, regarderont la suite de ton parcours.

> En passant salue l'auteur du Beau Danube bleu, *son buste est à sa place.*

> *Le théâtre de la porte Saint-Martin connut un succès historique en 1897 avec* Cyrano de Bergerac *d'Edmond Rostand.*

> *La façade du théâtre de la Renaissance est ornée de caryati-des illustrant par leurs différentes expressions le drame et la comédie. Il fut dirigé, entre autres, par Sarah Bernhardt et Lucien Guitry.*

36 Tu croiseras une nouvelle porte qui ne t'ouvrira pas encore le chemin de la victoire, mais le but est proche.

> *Cette porte, bâtie en 1674 par Pierre Bullet, glorifie les victoires de Louis XIV en Franche-Comté. On reconnaît le Roi-Soleil en Hercule, presque nu, bien que tout de même en perruque.*

37 En continuant, la porte d'entrée de ce jeu est maintenant devenue ta porte de sortie. Tu as donc réussi à surmonter toutes les épreuves qui se dressaient sur ce parcours et tu dois en être félicité.

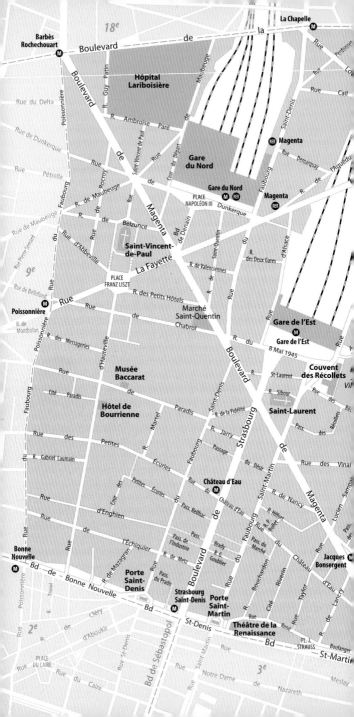

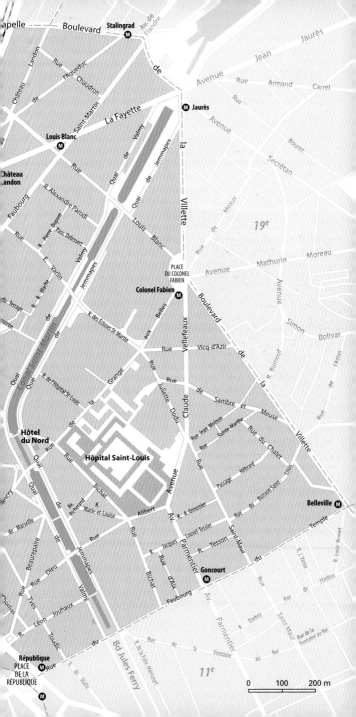

11e arrondissement

Si A = 1 ; B = 2 ; C = 3 ; D = 4, etc. Recherche une station de métro dont le total des chiffres représentant les lettres sera égal à cinq fois le numéro du département du Finistère. Le rendez-vous sera à l'extérieur de cette station de métro.

❶ Quel est le point commun entre l'église devant laquelle tu te trouves, la station de métro par laquelle tu es arrivé, et la rue, proche de l'église, que tu dois maintenant emprunter ?

❷ Tourne tout de suite à droite, après avoir constaté qu'une école, se prétendant supérieure, est inférieure aux arbres et à la végétation.

❸ Pénètre dans cet ancien abattoir dont tu découvriras l'histoire. Le moissonneur te mettra sur la bonne voie, puis ce sera un jeu d'enfant de trouver la porte de sortie.

❹ Il n'est pas arabe, et il permet la conversation entre deux personnes éloignées. Tu seras dans la bonne direction en suivant la courbe qui joint deux de ces instruments en triple exemplaire.

❺ Mon premier est un recueil composé de l'Ancien et du Nouveau Testament

• Mon deuxième est une génisse mythologique chère aux cruciverbistes.

• Mon troisième est un arbre de l'Asie tropicale fournissant un bois dur et imputrescible.

• Tu passeras devant mon tout, logée dans un immeuble dont le numéro est homonyme d'une boisson résultant de la fermentation du raisin.

Allez Hop! Congés payés pour tout le monde!

> *Il dirigea le front populaire, mais il tourne la tête pour ne pas te voir continuer ton chemin.*

6 Mille deux cents enfants de l'arrondissement mériteront une pensée lorsque tu longeras l'établissement où certains ont dû apprendre des comptines.

7 Lorsque tu passeras devant elle, tu pourras te demander si elle est aimable. Elle est, en effet, la seule rescapée de la prison qui jadis était à cet emplacement.

> *À l'entrée de la rue lui faisant face, on peut encore voir, au milieu de la chaussée, les cinq dalles de granite rectangulaires, encastrées dans le sol, servant à dresser l'échafaud. De 1851 à 1899, plus de deux cents condamnés furent exécutés ici.*

8 En avançant dans la rue, la végétation se fera plus rare et tu seras plus à l'étroit.

9 Puis tu suivras dans le sens de la circulation, la piste réservée aux draisiennes, célérifères et surtout aux autres engins plus récents de même type. Mais tu l'abandonneras pour entrer dans l'avenue.

10 Quand les platanes deviendront acacias, tu auras la possibilité de poster ton courrier après avoir tourné.

11 La rue, dans laquelle tu bifurqueras rapidement, n'organise pas de carnaval et ne possède pas de Promenade des Anglais, mais son nom t'y fera penser.

12 Pénètre dans ce jardin, et tu en ressortiras en passant devant le bureau de la personne dont le métier a quelque chose

RUE
DE LA
ROQUETTE
LIEUDIT

en commun avec un employé de prison, d'immeuble, un agent de police ou de l'ultime défenseur d'une équipe de football.

> *Le cadran solaire installé au centre de ce jardin est un des plus grands d'Europe. L'ombre de la tige métallique indique l'heure du méridien de Paris (environ 10 min d'écart avec celui de Greenwich). Dix statues de pierre marquent le*

premier immeuble, un deuxième immeuble, un troisième immeuble. Mais, puisqu'il ne sera pas possible de traverser ce troisième immeuble, tu devras faire un léger détour et reprendre ta direction initiale en continuant tout droit après avoir franchi ce troisième immeuble.

Traverser 3 immeubles? Trop facile pour Superman!

temps à partir de 8 h (à gauche), jusqu'à 17 h (à droite).

⑬ Va maintenant tout droit, rien ne doit t'arrêter. Traverse un

⑭ Tourne pour rencontrer trois ânes, tu ne verras toutefois que leurs dos. Mais bien que protestants, ils t'apporteront un bon secours.

15 La rue suivante se mettra sur son trente et un pour te montrer un lieu historique.

> *En effet à cet endroit, Jean-Baptiste Réveillon installa la manufacture royale des papiers peints. Il collabora avec les frères Montgolfier à la fabrication des premiers ballons aérostatiques. Ainsi, le 19 octobre 1793, dans la cour de l'usine, le physicien Pilâtre de Rozier effectua la première ascension aérienne, à bord d'une montgolfière en papier gonflée à l'air chaud.*

16 Avant de dire « je ne boirai pas de ton eau », il te faudra d'abord la trouver.

17 En longeant la frontière de l'arrondissement, tu rechercheras une construction du même type, érigée également en 1719 par Beausire. Sur son chemin, tu croiseras la maison devant laquelle est mort le député Baudin, et tu verras qu'un ours peut habiter un premier étage.

> *Le faubourg Saint-Antoine est l'un des plus vieux quartiers de Paris. Il se consacre depuis des siècles à l'industrie du meuble. Son charme tient à son dédale de cours et de passages où les artisans se sont installés : les ébénistes, dont les ateliers employaient jadis des centaines d'ouvriers, ont fait la renommée du quartier. Les plus grands ont été : Boulle, Risner, Cressent, Leleu, Jacob... Des entreprises de faïencerie, de porcelaine, de ferronnerie, de chaudronnerie se sont développées autour des métiers du bois.*

18 Tourne juste avant de dépasser cette dernière fontaine. Puis la prochaine rue te fera un « appel » du pied, c'est-à-dire que son nom sera l'anagramme du mot « appel »

> *Dans cette rue, les bals populaires des XIXe et XXe siècles que fréquentaient les «apaches» sont remplacés par des bars de nuit et des galeries d'art. Mais au n °9 le célèbre Balajo inauguré sous le Front populaire par Mistinguett, fait toujours bal musette le dimanche après-midi.*

19 Celui qui écrivit :
« Je suis venu, calme orphelin
Riche de mes seuls yeux tranquilles
Vers les hommes des grandes villes
Ils ne m'ont pas trouvé malin. »,
habitait non loin du carrefour suivant. Tu tourneras dans la rue de

ce poète, mais dans le sens inverse de sa maison.

> *La colonne de bronze érigée au centre de cette place a été voulue par Louis-Philippe pour commémorer la révolution de juillet 1830. Haut de 52 m, ce monument a été construit entre 1833 et 1840. Il est surmonté par le Génie de la Liberté. Sur le fût figurent les noms des 504 victimes de 1830. Leurs dépouilles reposent, avec celles des morts de la révolution de 1848, dans une crypte située sous la colonne.*

㉒ Lorsque la place sur laquelle tu es maintenant arrivé te fera la cour, et quand les pavés et les pâtés de pierre t'emmèneront à nouveau sous un immeuble, laisse-toi conduire.

㉓ À peine passée la porte sortie de la cour, il demande de rechercher le nom, toi, tu recherches ton chemin. Tu le trouveras en allant de son côté.

㉔ Tu déboucheras rapidement sur un boulevard entre des maisons dont les numéros rappellent une grande guerre. Va vers l'armistice.

> *Tu marches au-dessus de la voûte du canal Saint-Martin. Longue de 2 km, elle recouvre les boulevards Richard-Lenoir et Jules-Ferry. Le canal est éclairé par des puits de lumière régulièrement espacés.*

㉕ La seconde partie du nom de la station de métro rencontrée te donnera la deuxième partie du nom de la rue à emprunter. Tu t'y engageras du côté où les numéros grandissent.

㉖ Sur le rebord du deuxième étage d'un immeuble, deux femmes, peu vêtues, tenant chacune le bout d'une guirlande, attireront ton attention. La plus habillée te montrera du regard le haut du passage sous lequel tu dois t'engager.

27 Ne conserve pas ta direction, et va dans la direction de la conserve.

28 Tu croiseras quelques-uns des plus grands dramaturges de tous les temps.

29 L'entreprise France Télécom n'est pas rancunière, en la piétinant, elle t'aidera à prendre le bon tournant.

30 Multiplie par eux-mêmes les chiffres 5 et 6. En faisant la somme des deux nombres obtenus, tu trouveras le numéro d'immeuble devant lequel tu devras passer pour continuer ton chemin.

31 Après avoir encore marché au-dessus de l'eau, des informations données par la Ville de Paris ne te seront pas utiles. Elles auraient mieux fait de te conseiller de remonter le boulevard sur lequel se trouve ce panneau.

32 Puis ce sera la dernière ligne droite et tu auras ainsi achevé ce circuit du 11e arrondissement. En passant la ligne d'arrivée, peut-être seras-tu félicité comme tu le mérites.

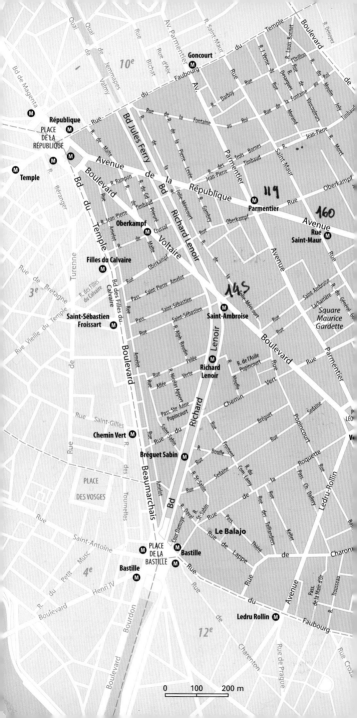

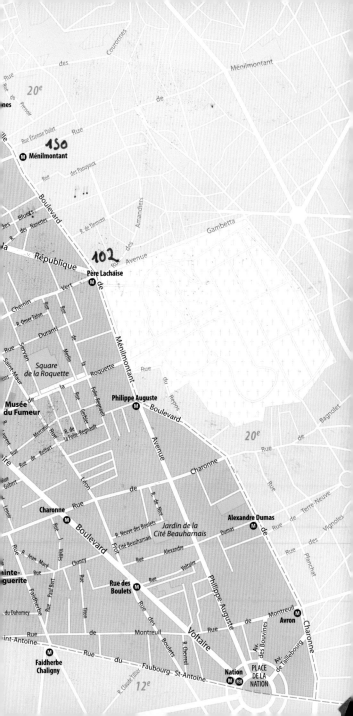

12e arrondissement

Tu as rendez-vous sur la place où se sont déroulés les événements qui sont à l'origine de la fête nationale française.

LE VIADUC CAFE

BEAUVAU

❶ Ailé et doré, le génie relèvera harmonieusement le pied en t'indiquant ainsi la direction du drapeau qui débute la première rue de ton parcours.

❷ Quand la station de métro n'osera pas dire son nom, tu trouveras le passage en chantier te permettant de t'éloigner du faubourg.

> *Cette ruelle justifie pleinement la spécialité du quartier, qui pourtant est en voie de disparition.*

❸ Elle peut être latine, de Loraine, de Malte, lorsqu'elle est rouge, elle a pour vocation de prévenir et d'apaiser toutes les souffrances. Celle vers laquelle tu iras est verte, et t'apportera un remède si tu as du mal à trouver ton chemin.

❹ En continuant tout droit, tu passeras devant une cour portant le nom d'un arbre dont le fruit est le gland. Puis tu tourneras pour retrouver en altitude un coq religieux soumis au sens du vent.

❺ Rapidement ton plafond sera de bois, mais tu devras en faire ton parquet pour poursuivre ton trajet.

❻ À la première occasion, tu prendras le chemin qui te donnera le choix entre un moyen pédestre ou l'utilisation d'un appareil, pour arriver au même endroit.

7 Lorsque tu seras au pied de cet appareil, va, par deux fois, dans le sens où tu ne pourrais aller si tu étais motorisé.

8 Les deux mots dont les définitions sont les suivantes sont des anagrammes de la rue dans laquelle tu dois rapidement t'engager :

• Roche sédimentaire meuble, grasse au toucher, sorte de terre glaise, souvent employée en poterie. Les colosses vulnérables ont quelquefois leurs pieds faits dans cette matière.

• Sécrétion blanchâtre et gluante d'une muqueuse.

> *Ce marché pittoresque et tricentenaire offre chaque matin aux fouineurs ses étalages de fripes et de brocante sur le pourtour de la place, alors que le marché traditionnel (fruits, légumes, viande...) s'abrite sous une halle construit en 1840. L'origine de ce marché vient du privilège accordé par l'abbesse aux marchands d'habits, autorisés à vendre, à bas prix, aux pauvres du faubourg Saint-Antoine.*

9 Tu tourneras dans la deuxième rue qui porte un nom identique à la première et qui n'est pas une rue.

10 Juste avant que tu apprennes qu'un immeuble appartient à une fondation créée par une riche famille, tourne pour en connaître l'autre façade.

11 L'immeuble du n° 2 de la rue se souvient de la crue de la seine de 1910.

12 Puis tu passeras sous celui qui peut être aux ânes, aérien, suspendu, levis, que l'on peut faire ou couper lorsqu'il y en a plusieurs.

13 Ensuite, tu longeras, dans le sens indiqué par les plaques nos 47 et 49, le bâtiment sur lequel tu avais marché.

> *Ce viaduc de pierres et de briques roses était emprunté par l'ancienne ligne Bastille-banlieue. Il a été magnifiquement restauré et abrite désormais des artisans des métiers*

d'art : tapisserie, ébénisterie, orfèvrerie, mobilier contemporain, ferronnerie...

14 Après que les numéros de l'avenue auront pris un chiffre, après avoir dépassé des esclaves juchés sur le toit d'un immeuble bien gardé, et après qu'un « go » te donne le signal de l'escalade, tu retrouveras là-haut, à la belle saison, un endroit où un poisson doit être heureux.

> *La promenade plantée est longue de 4,5 km. Elle couvre une superficie de 6,5 ha. Elle a été aménagée sur l'ancienne voie de chemin de fer. Elle commence près de la place de la Bastille pour s'achever non loin du bois de Vincennes. Elle est plantée de rosiers, noisetiers, tilleuls et plantes grimpantes.*

15 Il sera 19 h (solaires) passées, quand l'ombre du cadran solaire te montrera le chemin à suivre.

16 La suite de ton parcours sera parsemée de parties postérieures d'ânes qui ont une influence modératrice sur la vitesse des véhicules.

17 Lorsqu'il te faudra choisir, dirige-toi vers le dessus plutôt que le dessous, même s'il t'en coûte 48 efforts successifs, 24 du pied droit et autant du pied gauche.

18 Une fois cet obstacle franchi, tu prendras le large dans la rue rencontrée pour arriver sur une place où les amateurs d'astrologie nés entre le 23 juillet et le 22 août seront huit fois contents.

> *En reculant de huit places dans l'alphabet la première lettre du nom de la rue suivante, il devien-*

CRONCH, CRONCH...

drait alors synonyme du poil épais,
doux et frisé provenant de la toison
d'un ruminant.

⑲ Entraîné par la pente,
tu passeras peut-être sous un train,
mais sans risquer de te blesser.

⑳ Lorsque tu seras au bout de la
rue portant le nom de la ville,
capitale de la Bourgogne et chef-
lieu de la Côte-d'Or, tu auras besoin
d'un ingénieur et mathématicien
pour continuer ton chemin.

㉑ Peu avant d'arriver au bout de la
rue, le train ne sera plus là, mais ses
traces te permettront de bifurquer
sur la bonne voie.

㉒ Il faut, en général, être mort
pour être canonisé. Tu tourneras
dans le passage dont le nom essaye
de prouver le contraire.

㉓ Un cercle et trois demi-cercles
te désigneront la maison derrière
laquelle tu pourras traverser la
route sans te préoccuper des
voitures, mais en te fatiguant
à nouveau les mollets.

> *Ce parc a été installé sur le site*
des anciennes halles au vin.
Il conserve de son activité passée
les rails de desserte encastrés
dans le pavé des anciennes ruelles
et ses chais insérés aux construc-
tions modernes.

> *Trois types de jardins se succè-*
dent :
• Le jardin romantique avec ses
grottes et ses cascades,
• Les parterres : le potager,
le pavillon du Vent, le verger,
les treilles, la maison du Jardinage
et sa serre, le jardin des Bulbes,
la roseraie, le labyrinthe et le jardin
des Senteurs,
• Les prairies : de grandes pelouses
ombragées réservées aux jeux.

㉔ Des rails te mettront à nouveau
sur la bonne voie.

㉕ Il peut être muscat, malaga,
chasselas... Tu rencontreras,
dans ta promenade, l'arbuste qui
le fait pousser.

26 Les esprits « éclairés » parviendront à trouver la réponse à cette énigme. En effet, l'anagramme de ce mot te permettra de franchir les cinquante-sept échelons de l'épreuve suivante.

27 En suivant le cours de l'eau, tu auras une inclinaison vers une haie d'honneur qui te conduira à ce qui veut ressembler à un canyon du paysage nord-américain sculpté par l'action érosive des cours d'eau.

> *Conçu par les architectes Parat, Andrault et Guvan, le Palais omnisports de Paris-Bercy (P.O.P.B.) peut accueillir jusqu'à dix-sept mille spectateurs pour des manifestations sportives ou musicales.*

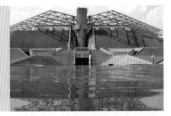

28 On peut entrer par la grande ou la petite, la refuser à quelqu'un, elle peut être blindée, vitrée. Tu frapperas à la bonne en te rendant à la première.

29 Passe au-dessus de celui qui était ou sera au-dessus de la Seine, et choisis rapidement l'escalier qui te permet d'économiser tes efforts.

> *Les architectes Chemetov et Borja ont donné au ministère des Finances la forme d'une monumentale barre de 300 m de longueur qui prend appui dans la Seine. Un héliport coiffe cet imposant bâtiment.*

31 Lorsque le ciel se sera dégagé, tu verras de loin la *Marine* de Henri de Miller. Elle te permettra de surnager jusqu'à la prochaine question.

32 Dans cette même rue, tu traverseras l'immeuble dont le numéro est immédiatement supérieur au nombre de dalmatiens dans un film de la production Walt Disney.

33 Tu trouveras ta voie en parcourant l'alphabet à l'envers jusqu'à sa première lettre. Puis sors en rendant hommage aux morts pour la France.

34 L'angle de l'immeuble de pierre de taille le plus proche te mettra sur le chemin de Marseille, et Nice. Puis ta vue devra être plus perçante pour continuer ta route et passer par Clermont-Ferrand, Moulins, Nevers, Gien et Montargis.

35 Suis le panneau blanc qui semblera t'indiquer la direction de la plus grande victoire de Napoléon, le 2 décembre 1805.

36 Rejoins la première station dans laquelle le métro s'arrêtera pour respirer l'air frais.

> *Le bâtiment en briques beiges est l'Institut médico-légal (ou morgue) où sont provisoirement conservés les cadavres non identifiés ou justiciables d'une expertise médico-légale.*

37 En suivant les vélos couchés sur le sol, tu parviendras à un bâtiment où Haddock, Némo ou Fracasse pourraient se rendre.

38 Si un chien t'accompagne dans cette promenade, laisse-le pour continuer ton chemin.

> *Inauguré en 1983, ce port de plaisance peut accueillir 178 bateaux. Il relie le canal Saint-Martin à la*

Personne ne sera jamais aussi brillant que moi !

Seine. Il fait partie d'un vaste système de bassins et canaux mis en place sous Napoléon Iᵉʳ. Le règlement impose aux résidents de naviguer au moins vingt et un jours par an, dont sept d'affilée. Des jardins et un espace de jeux ont été aménagés autour du bassin.

39 Ne te prends pas pour un génie quand tu retrouveras un autre génie. Il te dira que tu as résolu toutes les énigmes de ce parcours. Mais il faut tout de même t'en féliciter.

PORT de PARIS ARSE

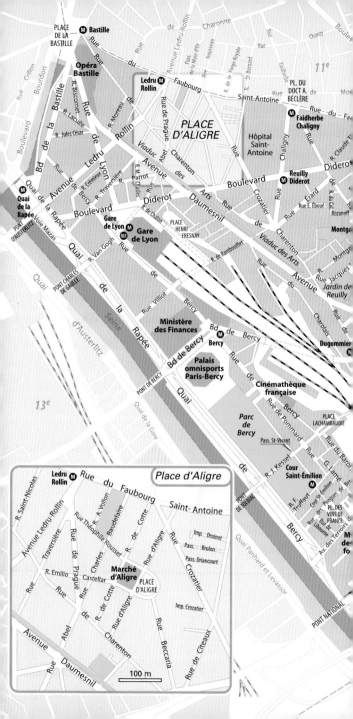

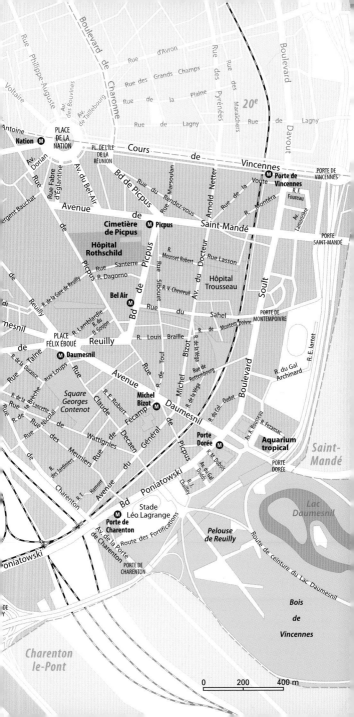

13ᵉ arrondissement

Ton rendez-vous se situe à l'extérieur d'une station de métro qui fait une grande place à la nation de Dante, Michel-Ange, Verdi et Fellini.

❶ Sur cette place, recherche l'arbre le plus haut mais non le plus grand. Il débute une avenue dont tu sortiras par le côté qui te fera connaître l'origine de son nom.

> *L'immeuble de 65 m de haut, qui se trouvait face à toi, est la première tour à usage de logements de Paris. Elle a été construite en 1960 par Édouard Albert en utilisant des techniques novatrices : structure de poteaux d'acier creux, habillage de panneaux d'Inox, matériaux préfabriqués légers et économiques.*

❷ Tu tourneras dans la rue dont le premier immeuble aura quelque chose de commun avec : un vêtement de travail, un jeune soldat, un fromage d'Auvergne ou du sang noble.

❸ Elle peut être de neige, de pétanque, de cristal ou de gomme mais les cinq croisées en contrebas seront en pierre. Elles te montreront le chemin conduisant à cette colonne quadrangulaire en forme de flèche dont les Égyptiens s'étaient fait une spécialité.

❹ Remonte par un escalier où, sur le sol du rez-de-chaussée et du premier, deux carrés enlacés donnent naissance à une étoile.

> *Le bâtiment du mobilier national que tu contournes abrite les collections nationales des objets d'ameublement destinés aux services publics.*

❺ Une fois sorti du square, choisis la rue dans laquelle les premiers immeubles ont la gueule de bois.

> *Jadis la Bièvre coulait à l'endroit où tu te trouves. Cet agréable cours d'eau attira à partir du XVIIᵉ siècle*

les tanneurs, les teinturiers et les blanchisseurs. Ces activités ont transformé la Bièvre en un égout malodorant qui fut couvert en 1910 jusqu'à la Seine.

6 N'attends pas la fin de la rue pour bifurquer.

> *Les maisons des nos 17 et 19 de la rue ont été bâties vers 1500. Elles sont parmi les plus anciennes de Paris. La grande maison à tourelle du n° 17 est le château de la reine Blanche où le roi Charles VI le fou faillit être brûlé vif en 1393 au cours du « bal des Ardents ».*

7 Puis tu tourneras le dos au Panthéon, et iras dans la direction de l'escalier qui ne se descend pas.

> *La manufacture des Gobelins a gardé les mêmes méthodes artisanales depuis le XVIIe siècle. On y réalise de somptueuses tapis-series d'après les cartons des plus grands maîtres comme Le Brun, Poussin, Boucher, et plus récem-ment Chagall, Picasso et Lurçat. Une tapisserie peut nécessiter cinq à huit ans de travail, et mobiliser plusieurs corps de métiers.*

8 Il ne sera pas possible d'être plus clerc lorsqu'une étude te montrera le tournant suivant.

9 Prends la rue qui porte le nom d'un écrivain originaire du pays de la place de ton départ. Tu constateras que les ateliers de la célèbre firme d'automobiles Delahaye ont été remplacés par une école scientifique.

10 Les postes de télévision en ont besoin pour recevoir les émissions. Mais, devant toi, elles sont plus grandes et nombreuses et, quand tu seras à leur pied, tu devineras qu'elles sont utilisées par de discrets services de police.

11 « Dans l'humanité, la femme a les mêmes devoirs que l'homme. » La lecture de cette pensée te mettra ton chemin à dos.

12 Suis les hommes préhistoriques, et tu déboucheras dans une avenue dont le premier immeuble rencon-tré aura un numéro qui, multiplié par lui-même, sera égal à 361.

> La paléontologie est la science qui étudie la vie dans les temps préhistoriques par l'analyse des fossiles.

⓭ Philippe Pinel semble regarder passer le métro depuis de nombreuses années. Par la porte située dans son dos, tu entreras dans un établissement où exercent les praticiens de sa trempe. Puis dirige-toi vers le bâtiment dont le sommet ne perd pas le nord.

> Louis Le Vau, Duval et Bruant sont les architectes de cet immense bâtiment souhaité par Louis XIV pour recueillir les pauvres. Il doit son nom à la fabrique de poudre (le salpêtre) qui occupait précédemment cet emplacement. Au centre la chapelle Saint-Louis, en forme de croix grecque, a été élevée en 1670 par Libéral Bruant.

⓮ Après t'être dirigé vers des antennes déjà rencontrées,

tu traverseras une division de cet hôpital. Elle porte le même nom que le luxueux hôtel de la résidence du président de l'Assemblé nationale. Tu es passé ou tu passeras devant cet hôtel au début de notre jeu qui se déroule dans le 7e arrondissement de Paris.

⓯ Puis, tu te promèneras en prenant de la hauteur, et tu continueras dans l'allée dédiée à l'architecte de ces lieux. Ensuite, tu sortiras de cet hôpital pour passer sous un ouvrage à peu près identique à celui rencontré peu avant d'entrer dans cet établissement.

⓰ Sous ce pont, tu choisiras de tourner du côté qui a du piquant.

Ça ne devrait pas être ça, "le côté qui a du piquant !"
Aïe aïe aïe aïe

⓱ En croisant des rails tu sauras que tu es sur la bonne voie. Puis les amateurs de rugby seront contents de tourner à l'angle d'un immeuble portant à son sommet la forme approximative du ballon de leur sport favori, et cela juste avant que le métro soit arrivé à quai.

⓲ En continuant tout droit, après avoir salué une dame très sage

et très catholique, tu te faufileras
entre les arbres en cages.

> *Œuvre de l'architecte Perrault,
la bibliothèque François-Mitterrand
est composée d'un vaste socle
rectangulaire délimité par quatre
tours de verre hautes de 80 m,
en forme de livre ouvert. Les salles
de lecture occupent les deux étages
qui entourent le jardin, véritable
forêt de pins sylvestres. Les tours
sont réservées aux bureaux et
aux magasins de livres. Des volets
en bois protègent les livres de la
lumière.*

⑲ Au sud, le septième art te
proposera sa meilleure sortie.

⑳ C'est un angle en géométrie,
un coup au tennis, un chemin dans
la voie de l'honnêteté et la manière
d'aller très vite au but. Tu tourneras
de ce côté, juste après avoir à nouveau croisé la bonne voie.

㉑ L'artiste qui a donné son nom
à la rue suivante aurait pu la
dépeindre avec talent.

> *Les arbres fruitiers et les plantes
aromatiques du square Héloïse-et-
Abélard permettent d'éveiller les
cinq sens des enfants dans la maison du n° 22 de la rue.*

㉒ C'est une personne qui ne
quitte pas un endroit (un bistrot,
par exemple), au rugby ce sont les
avants qui encadrent le talonneur
dans la mêlée. Arrivé au bout de la
rue, tu les suivras pour changer de
direction.

㉓ Ils sont l'anagramme du
mot « barres ». Tu les suivras au
carrefour suivant pour continuer
ton chemin.

㉔ Puis les pompiers t'indiqueront
l'accès à l'étape suivante de ton
parcours.

㉕ Avec l'aide du Renard,
tu te faufileras à travers les écoles
de la prime enfance. Puis tu tourneras du côté d'un immeuble dont
le numéro correspond au département du Val-de-Marne.

㉖ Tu tourneras rapidement dans
la rue qui mériterait par sa largeur
de devenir une avenue.

27 Pour les Grecs anciens, il s'agissait d'un espace de quatre ans séparant des jeux athlétiques. Monte sans effort dans le village asiatique dont le nom est en rapport avec cette durée, puis avance entre les pagodes stylisées. Tu pénètres ainsi dans le quartier chinois de Paris.

28 Lorsque tu auras vu toutes ces pagodes, va faire tes courses dans la capitale de la Norvège, et change de direction quand tu apercevras une invention de Nicéphore Niepce bien utile, dans ce cas, pour personnaliser les pièces d'identité.

29 Redescends de ce centre commercial par le moyen de transport qui t'y a fait monter. Puis une femme multicolore, stylisée et allongée sur le sol, t'attirera dans sa direction.

> *Au n° 48 de la rue, le commerce des frères Tang est un des plus typiques de ce Chinatown parisien.*

31 En continuant ton chemin, tu croiseras un bâtiment rempli de collégiens qui rend hommage à l'auteur de Madame Bovary, puis un hôtel où logent des statues antiques.

32 Au prochain carrefour, recherche le numéro de l'immeuble face à la boîte aux lettres et situé sur le même trottoir. Divise-le par deux, et tu auras obtenu le numéro du bus dont tu devras suivre le trajet pendant deux stations (direction ouest de Paris).

33 Ce peut être :
• Un tourniquet que l'on place à l'entrée de certains chemins dont l'accès est réservé aux piétons.
• Un appareil servant à mesurer la vitesse des cours d'eau.
• Une sorte de bobine fixée au manche d'une canne à pêche et sur laquelle s'enroule la ligne.

Mais, dans notre cas, il s'agit du nom du passage dans lequel tu dois t'engager peu avant d'arriver à cette deuxième station.

34 Les tuiles se succéderont lorsque tu seras au pied du mur. Mais, rassure-toi, ce ne sera pas, pour autant, un mauvais passage dans ton parcours.

36 Même si trois gros platanes se mettent sur ton passage, continue ton chemin dans la rue piétonne de l'ancien propriétaire de ce terrain.

> *La piscine de briques rouges, située sur la place où tu es arrivé,*

a la particularité d'être toujours alimentée par une eau à 28 °C, légèrement sulfureuse, venue de couches géologiques profondes (582 m).

37 Prends la rue qui commence pour les maisons et finit pour les voitures.

38 Malgré les apparences, le Cullinan, le Régent, le Koh-i-Noor, l'Étoile du Sud et l'Étoile d'Afrique ne sont pas à l'origine du nom de la rue dans laquelle tu dois tourner.

39 Puis tu marcheras au-dessus de la chenille mécanique qui entre sous terre.

40 Enfin tu iras tout droit, et tu pourras te réjouir de ta victoire et t'en faire tout un cinéma puisque à ton point d'arrivée, qui est aussi ton point de départ, se trouve le plus grand écran de cinéma de France.

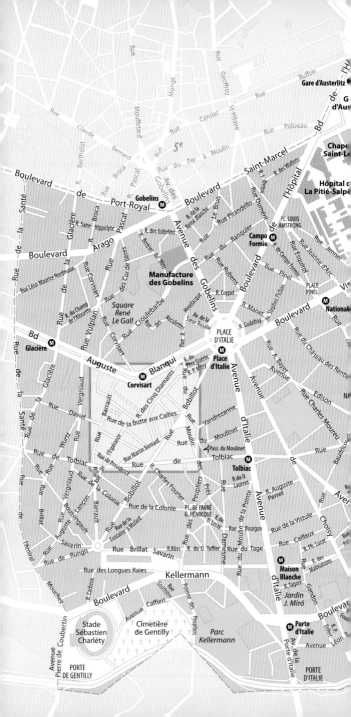

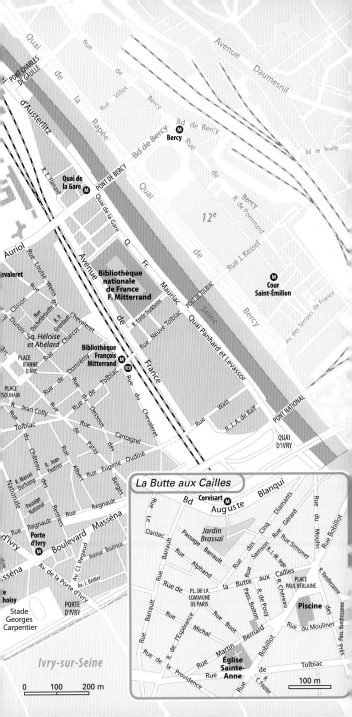

La Butte aux Cailles

14e arrondissement

En commençant ce parcours, tu seras évidemment de bonne humeur et bien disposé à rire et à t'amuser. Il n'y a donc qu'une station de métro dans le 14e arrondissement qui corresponde à ton humeur et où tu puisses débuter ce jeu.

1 Toujours dans la bonne humeur, démarre ton trajet dans la rue qui finit pour aller en son début. En chemin tu auras le loisir de regarder le programme de tous les théâtres de la rue. En rencontrant la ligne de métro n° 6, prends la direction Charles-de-Gaulle.

2 Stendhal l'associa au noir dans une de ses œuvres, Charles Perrault nous conta l'histoire d'un chaperon de cette couleur. Quand il te faudra choisir ton chemin, va dans la direction d'un trottoir pavé rappelant cette couleur, et en allant droit dans le mur, tu iras dans le bon sens.

3 Suis Lavenue au balcon, il t'entraînera sur un boulevard qui est aussi un quartier.

> *Tu passeras devant des brasseries, monuments des années 1930, comme le Dôme et la Coupole où Aragon succomba aux yeux d'Elsa.*

4 Ils ne sont pas généalogiques, ni à cames, ni de vie, bien qu'ils fassent partie de la nature, ils sont rangés par quatre (2 x 2) sur le boulevard où tu dois bifurquer.

5 Peu après la jonction de deux lignes de métro, tu devras entrer et parcourir un passage dont le nom t'évoquera le séjour et le lieu de supplice des damnés après la mort. Il te permettra d'imaginer les rues parisiennes avant l'invention de l'automobile.

6 Une fois sorti de ce passage, le nombre de tonnes maximales permises indiqué par un panneau correspondra au numéro de l'immeuble vers lequel tu devras te diriger.

7 Quand la rue s'achèvera, tu iras vers le panonceau représentant la Marianne de l'officier public qui reçoit et rédige les actes ou les contrats pour leur donner un caractère authentique. Puis tu changeras de boulevard sans changer de direction.

> *Au n° 123 du boulevard, l'abbaye de Port-Royal fut construite en 1646 pour remplacer celle de la vallée de Chevreuse devenue trop petite. Elle fut un haut lieu du jansénisme.*

8 Une urgence t'appellera dans la rue suivante, elle te rendra bien service. Puis, en arrivant à la consultation de médecine, la bonne prescription sera de tourner immédiatement.

> *Colbert fit construire l'Observatoire de Paris de 1667 à 1672, sur les plans de Claude Perrault, dans un bâtiment sans bois pour prévenir les incendies et sans fer pour éviter le magnétisme. Ses quatre faces sont orientées vers les points cardinaux. Il abrite entre autres l'horloge parlante et une lunette astronomique de 9 m de longueur focale.*

9 Arrivé au bout de la rue, un saint en son hôpital aura peut-être la charité de te montrer ton chemin. Au n° 92 de l'avenue habitait l'auteur des *Mémoires d'outre-tombe*.

> *Le Lion de Belfort de Bartholdi, qui trône au centre de cette place, est la réduction en bronze de celui qui a été taillé dans le grès rouge, à Belfort en 1880, pour commémorer sa défense victorieuse pendant la guerre de 1870.*

> *Après la politique de suppression des cimetières inaugurée par Louis XVI et poursuivie sous la Révolution et l'Empire, les ossements de cinq à six millions de personnes furent transférés dans d'anciennes galeries de carrières. On les appelle les catacombes et une entrée se trouve au centre de cette place.*

10 Si le lion avait des yeux derrière la tête, il te verrait t'éloigner de cette place. Mais, en chemin et face aux jardins de l'Observatoire, l'homme qui a donné son nom à ce boulevard regrettera sûrement de ne pas être présent.

11 En gardant toujours la même direction, longe ce bâtiment caché derrière de hauts murs dans lequel il n'est pas conseillé de séjourner. Après avoir tourné, tu constateras que le premier des trois idéaux républicains inscrits sur le fronton de son entrée principale doit bien faire rêver tous ses « invités ».

12 Il peut être à Mousson, l'Évêque, Audemer ou Aven, on y soupire à Venise, on y danse en Avignon, tu passeras en dessous.
Puis, par la même rue, tu continueras ton chemin pour longer cet autre grand mur. Il est l'enceinte d'une sorte de prison, où l'on retient ses occupants sans raison.

14 Quand plusieurs orientations seront possibles, engage-toi dans la seule avenue. Un peu plus loin, tu resteras dans le droit chemin, lorsque les autos bifurqueront.

15 Puis, après être passé entre un symbole du Liban et un théâtre, tu apprendras que le *fagaceae* est un hêtre pourpre et que le *carpinus* est un charme.

16 Le lion n'est pas en état de voir le tulipier de Virginie, le cèdre bleu de l'Atlas ni les autres arbustes et pins qui, dans son dos, balisent ton parcours.

17 L'allée ne monte pas assez vite, pas assez haut. Trouve un moyen de monter plus vite, plus haut, tu devras même continuer par un chemin où la mort t'attend si tu vas un peu trop à droite ou à gauche.

18 Ensuite, ne sois pas à côté de la plaque (même si elle est d'égout) et passe par Pont-à-Mousson. Puis, en évitant le cadeau des Hellènes, tu parviendras à la mire de l'Observatoire, mais ne succombe pas à la tentation de couper par la pelouse.

> Le méridien de Paris passe par ce point. Cette ligne imaginaire traverse Paris en passant par l'observatoire et le Moulin de la Galette au nord de Paris dans le 18ᵉ arrondissement.

19 Il te sera donc facile d'aller vers l'est en côtoyant le postérieur du cheval d'un héros sud-américain.

Tu sortiras rapidement de ce parc par la porte qui t'en racontera l'histoire et t'en donnera la superficie.

⑳ Les arcades sous lesquelles tu passeras sont deux fois moins nombreuses que le numéro de l'arrondissement dans lequel tu te trouves. Puis tu prendras un chemin qui te mettra à dos le créateur de ce groupe d'immeuble.

㉑ Les pavillons évoquent, en général, l'architecture de leur pays d'origine. Passe devant les grandes portes d'entrée des maisons des pays dont les villes les plus importantes, après la capitale, sont :

• Guadalajara, Monterrey, Puebla
• Birmingham, Leeds, Glasgow
• Anvers, Gand, Charleroi
(côté grande porte de la fondation, avec ses bas-reliefs des années 1930 qui célèbrent l'idéal universitaire)
• Milan, Turin, Palerme
• Yokohama, Osaka, Nagoya
(arrière de la maison)
• Calcutta, Bombay, Madras
• Bergen, Trondheim, Stavanger

• Bâle, Lucerne, Lausanne (dont la maison est l'œuvre de Le Corbusier).

Puis continue ton itinéraire par l'arrière des maisons dont les pays ont pour grandes villes :

• Göteborg, Malmö, Uppsala
• Barcelone, Valence, Séville.

㉒ Un des pays, dont tu as vu la maison, a connu la civilisation maya. Retourne voir André Honnorat en longeant la frise maya gravée sur un mur de cette maison.

㉓ En fin de compte, le regard de cet homme t'accompagnera lorsque tu passeras devant les maisons des pays dont Buenos Aires puis Ottawa sont les capitales.

㉔ En continuant tout droit ton chemin, tu sortiras de cette cité par

une porte située face au beffroi et entre les époux Curie et Pasteur.

> *La cité universitaire est née d'une utopie des années 1920, où certains voulurent gommer les frontières pour bâtir un site où toutes les nationalités pourraient partager leurs différences. Elle constitue une ville en soi avec ses restaurants, son théâtre, son bureau de poste, ses installations sportives et son parc de 40 ha. Près de six mille étudiants représentent cent vingt nationalités y vivent.*

25 En partant, regarde bien comment s'appelle cette dernière fondation. Tu devras entrer dans le parc Montsouris par l'angle de la rue portant le nom de son généreux donateur.

26 Après avoir croisé le pin introduit en France en 1850 par lord Weymouth, les mots : armoire, eau, papier, linge, gant, serviette et trousse auront un point commun avec ta nouvelle direction.

> *Créé en 1869 l'observatoire météorologique a pour mission d'observer l'atmosphère au sol et dans le ciel et d'en informer les usagers. Grâce à des fichiers extrêmement précis, il constitue la mémoire climatique de la capitale.*

27 Les enfants, dans leur parc, sont bien placés pour savoir que des militaires français ont été massacrés par des Touaregs en février 1881.

28 Cet épisode de la guerre coloniale t'entraînera sur la bonne pente. Puis il sera temps de sortir de ce parc lorsque tu pourras comparer l'heure donnée par deux horloges, l'une placée à l'intérieur du parc et l'autre à l'extérieur.

29 À un général et à un maréchal, tu préféreras un saint pour t'accompagner dans une ascension.

> *Le bassin des réservoirs de Montsouris, dont les talus et le toit sont recouverts de gazon, contient 200 millions de litres d'eau. Il capte les eaux de la Vanne, du Loing et du Lunain. Des truites en aquarium servent de témoins pour la pureté de l'eau qui alimente la moitié de la capitale.*

30 En passant, une cité d'H.L.M. se souviendra des morts de la Grande Guerre.

31 Après t'être dédouané, et en face de ce qui est maintenant un couvent bien briqué, Lénine habita de 1909 à 1912 un appartement au deuxième étage d'une maison bourgeoise située au n° 4 d'une rue plus claire que la couleur représentant le parti politique de son illustre occupant. Il ne reste qu'une trace

Plus que
5 ans avant
1917...
On va voir
ce qu'on
va voir !

de la plaque commémorative sur la façade de la maison.

③② Puis recherche une rue portant le nom d'une rivière qui alimente le bassin des réservoirs de Montsouris. Une autre rivière, important affluent du Rhône, a donné son nom à la rue suivante.

③③ Va du côté où ton cœur bat. Puis, dirige-toi vers celle qui peut être anglicane, orthodoxe, réformée, évangélique mais qui dans ce cas est catholique et construite par l'architecte Émile Vaudremer qui venait alors d'achever la prison de la Santé.

③④ Une fois arrivé dans l'avenue, le nombre des cheminées vers lesquelles tu dois te diriger devrait te porter bonheur.

③⑤ Après avoir été déçu de trouver un marchand de dragées et chocolats qui n'en vendait pas, tourne dans une rue portant un nom de station de métro (à moins que ce soit l'inverse).

③⑥ Enchaîné et brûlé vif sous les yeux de Marianne, ce médecin et théologien n'aura pas, comme toi, la chance de rejoindre cette figure allégorique de la République.

③⑦ En longeant un établissement dirigé par un proviseur, tu parviendras au bout d'une rue où deux maisons mitoyennes te feront remonter le temps en passant du tombeau au berceau.

③⑧ Puis tu tourneras devant un bâtiment public dédié à un chanteur poète de mauvaise réputation qui pensait quelquefois à Fernande. Même après avoir entendu sonner les trompettes de la renommée, il a toujours fait passer les copains d'abord.

③⑨ Le club vers lequel tu tourneras n'existerait peut-être pas, si l'inventeur, qui a donné son nom à cette rue, n'avait pas fait ses découvertes.

⑧ Au bout de la rue, une flèche te permettra de regagner ton point de départ et c'est dans la gaieté que tu pourras fêter ton succès.

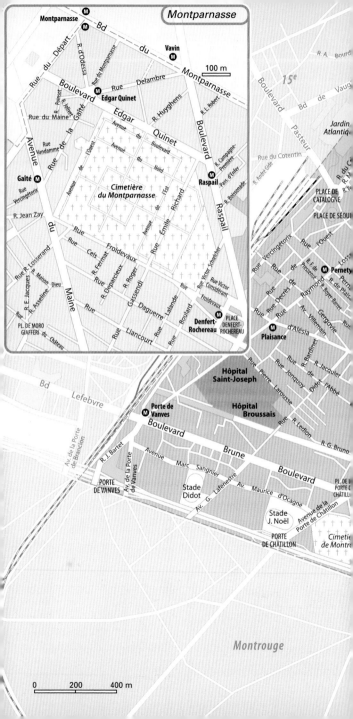

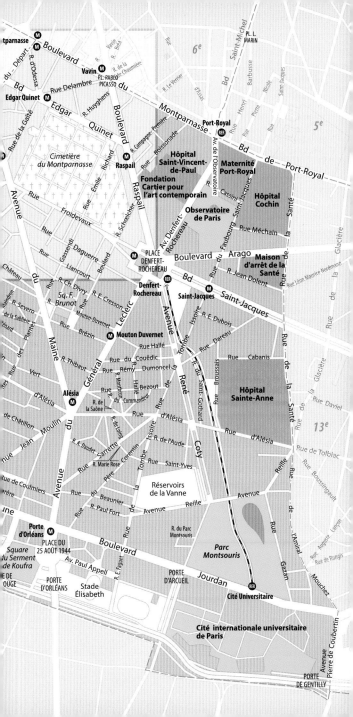

15ᵉ arrondissement

Parmi les nombreux personnages ayant donné leur nom à une station de métro du 15ᵉ arrondissement, celui que tu recherches était un marin français né à Rennes en 1720. Il se distingua contre les Anglais lors de la guerre d'Indépendance américaine et, en 1781, il fut nommé lieutenant général des armées navales. Notre rendez-vous se situe donc à l'extérieur de sa station de métro.

❶ Ce n'est sûrement pas en l'honneur de ce grand marin, mais deux bateaux sont arrimés sur le pont. Ils flottent mais ne coulent pas. Heureusement puisque tu devras passer sous leur coque et continuer dans le prolongement de la ligne formée par ces deux bateaux pour t'engouffrer dans l'entonnoir.

❷ Au n° 27 les clients ont dû être obligés de changer de crémerie, et, au n° 33, les contrevenants à la loi devront être grands ou avoir des échelles.

❸ Ils peuvent être de vie, généalogiques, de Noël. Ils composent les forêts et les bois. Ils te feront une haie d'honneur lorsque tu auras changé de direction.

❹ Bien placé sur ton chemin, un grand homme dira : « La vérité est en marche et rien ne l'arrêtera. » Mais tu es bien différent de la vérité puisque tu t'arrêteras et le nom de ta prochaine rue provoquera un revirement théâtral qui te fera quelque peu revenir sur tes pas.

Et moi je suis perché dessus !

5 En termes familiers c'est être défectueux ; cela se dit des querelles entre gens du même pays, et on est, dit-on, très attaché à celui de son village. Dès que tu en verras un, tu iras dans sa direction.

6 Lorsqu'un métro et une rue auront le même nom, il te faudra traverser dans sa plus grande longueur un troisième lieu ayant également le même nom.

7 Tu en sortiras en tournant avec cet établissement dont le nom pourrait faire croire qu'il connaît la musique.

8 On prétend qu'ils fument beaucoup. Pourtant leur métier est de lutter contre la fumée et surtout son origine. Traverse l'agréable enclos situé derrière leur habitation. Tu en ressortiras sans oublier de saluer les responsables de l'assainissement parisien.

9 Bien que tu sois à Paris, une demeure te rappellera rapidement une région de France située entre les Pyrénées et la Garonne et dont la capitale est Auch.

10 En suivant le flot de la circulation, tu tourneras dans la rue où le stationnement des voitures aura quelque chose de commun avec le blé ou avec une mèche de cheveux rebelles.

11 Va vers des arbres toujours verts et une fontaine toujours jaillissante, bien qu'elle n'ait pas d'eau.

12 La reine d'Angleterre n'a pas été canonisée. Ce n'est donc pas en son honneur que cet établissement privé porte ce nom.

13 De l'autre côté du croisement, tu rejoindras l'arrêt d'autobus dont le numéro est également celui du département de la Loire. En y ajoutant 98 tu arriveras à l'université d'un grand couple français lauréat du prix Nobel.

14 Lorsque les autos stationnées n'auront plus rien à voir avec le blé, lorsque le sol en finira d'avoir quelque chose en commun avec une fleur symbolisant l'Angleterre, une bibliothèque pour enfants, une eau utilisée en cosmétologie ou un vin d'Anjou, pénètre dans une rue en traversant un immeuble.

⓯ Après avoir croisé ce que des esprits critiques pourraient traiter de piles d'assiettes au rinçage, engage-toi dans un immense espace dont un des grands charmes est d'être interdit aux types d'engins fabriqués par celui qui lui a donné son nom.

⓰ Sors de ce premier carré de jardin en passant par l'intersection des deux murs. Tu pourras te désaltérer en sortant. Puis tu suivras la ligne noire.

⓱ Elles sont grandes et hautes par rapport à leurs congénères, elles sont deux sœurs jumelles et transparentes, elles apportent de la chaleur aux végétaux, et tu devras te diriger vers elles. Peut-être pourras-tu même y entrer.

⓲ Traverse l'île verdoyante dans le sens de sa longueur.

• *Implanté à l'emplacement des usines Citroën, et couvrant une superficie de 14 ha, ce parc est organisé autour de l'eau et du verre.*
• *Le jardin Blanc est destiné aux jeux et au repos. Un petit enclos carré est peuplé de plantes à floraison blanche.*
• *Le jardin Noir est planté de végé-*

taux aux teintes plus sombres :
pavots, iris, rhododendrons...
• *Les six jardins sériels, séparés les uns des autres par des cascades, sont dédiés aux sens, aux métaux, aux planètes et aux jours de la semaine.*
• *Le Jardin en mouvement est composé de friches élaborées.*
• *Le parterre est une pelouse centrale très plaisante avec ses deux immenses serres.*

⓲ Engage-toi là où le mur laisse passer un chemin dans lequel les racines des arbres sont de moins en moins hautes. Au bout de ce chemin, les arbres poussent en haut de leur escalier.
De l'autre côté du parterre, le chemin opposé mérite le détour lorsque les cascades sont en activité.

⓳ La rue dont le nom évoque les villes d'Alès et de Florac te fera tourner dans la bonne direction.

⓴ On peut la faire sauter, Mark Twain en a dit « qu'elle vous prête un parapluie par beau temps et vous le reprend lorsqu'il commence à pleuvoir », ce sera un des premiers

commerces de ta prochaine rue.

㉒ Va maintenant tout droit rejoindre celle qui se la coule douce à Paris, elle est née près de Dijon et elle mourra au Havre.

㉓ Une fois à son bord, tu l'accompagneras vers la réplique de la célèbre statue de Bartholdi érigée dans la rade de New York en 1886 et offerte par la France aux États-Unis pour commémorer le centenaire de l'indépendance de leur pays. Rejoins ce monument en empruntant le chemin de la rive.

> *Cette reproduction a été placée à cet endroit à l'occasion de l'Exposition universelle de 1889. Elle fut offerte par la colonie américaine de Paris en 1885. Elle éclaire le monde de la main droite et tient*

25 Alors que les escaliers du métro seront inaccessibles, une stèle te rapellera un vélodrome de triste mémoire.

26 Même lorsque tu auras changé de trottoir, il te restera encore du pain sur la planche avant d'arriver à destination, mais tu pourras voir les étapes nécessaires à sa fabrication en regardant la devanture d'un magasin spécialisé. Ce commerce représentera un nouveau tournant dans ta promenade.

27 Évite la rue dont le nom porte les initiales d'une voiture française des années 50-60.

de la main gauche un livre intitulé « 4 juillet 1776 ». Des chaînes brisées à ses pieds symbolisent la défaite de la tyrannie.

24 Reste entre deux eaux sur une distance de 800 m environ. Lorsqu'il te faudra choisir ton chemin, tu n'auras qu'une seule solution pour rester dans le 15e arrondissement.

> *Avec 19,6 millions de tonnes de fret annuel et 208 salariés, le Port autonome de Paris est le troisième port fluvial d'Europe après Duisburg et Liège. Un convoi de 5 000 tonnes poussé sur la Seine évite la circulation de deux cents camions.*

On va être un bon chienchien ! On va pas bouger de là pendant que Papa va visiter le quartier !

Ok, bien compris je ne le lâche d'une semelle

28 Il peut être terrier, berger, braque, chihuahua, fox ou autres, mais en bout de rue, tu ne pourras continuer ce parcours s'il t'accompagne.

29 Il est parfois de bruyère, au vin, en pâte, il peut être une catégorie de boxeurs ou un emblème national. Dans ton cas, il est perché et

sent d'où vient le vent. Tu iras dans sa direction en empruntant l'allée de verdure.

30 En chemin, tu penseras voir une œuvre d'art représentant le globe terrestre stylisé, mais en t'approchant, et bien que ne disposant d'aucune indication, tu pourras probablement en déduire qu'il s'agit d'un astrolabe. Cet instrument sert, en astronomie, à mesurer la position angulaire des astres sur la voûte céleste.

31 Continue à te diriger maintenant vers cet édifice religieux qui, malgré son nom, n'est sûrement pas consacré à : Gambetta, Blum, Tolstoï ou Zitrone.

32 Nord, sud, est, ouest. Chacun de ces quatre points a, en revanche, quelque chose de commun avec le titre du personnage dont tu devras parcourir la rue qui prétend être une place.

33 Après avoir traversé le square d'un marin bien connu depuis le début de notre promenade, il ne te sera, en général, pas possible de te tromper.

34 Lorsque tu te seras lassé de regarder les antiquités de ce village helvétique, tu en sortiras à l'ombre des arbres si la saison le permet.

> *Pour l'Exposition universelle de 1900 s'élevait ici une formidable reconstitution de la Suisse avec ses montagnes, ses cascades, ses vaches, et ses maisons typiques. Depuis 1928, le village Suisse rassemble un grand nombre d'antiquaires et de brocanteurs.*

35 En quittant ce village, tu apercevras le bateau rencontré au début du trajet. Il marquera la fin de ton périple puisque tu seras arrivé à bon port.

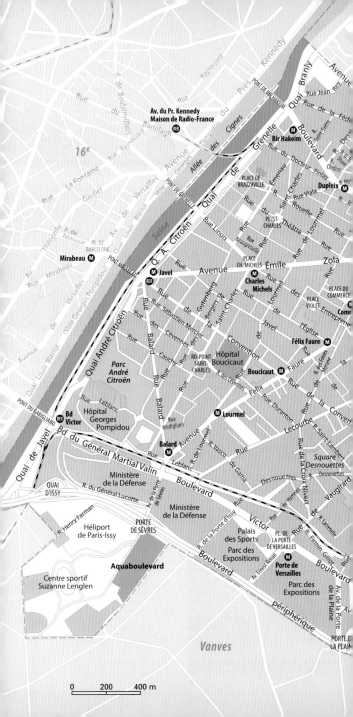

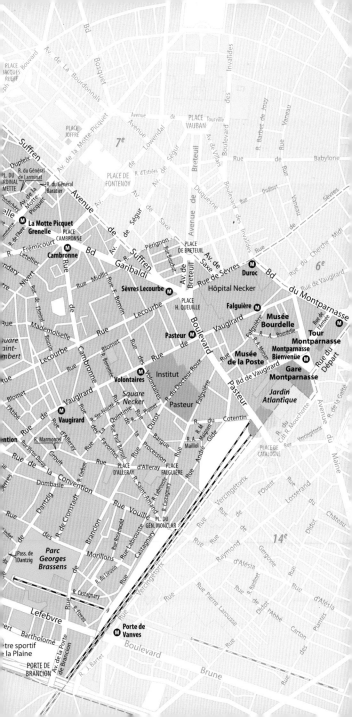

16e arrondissement

Ce peut être un moine bouddhiste, un mammifère ruminant de la cordillère des Andes ou un chanteur français amoureux des « petites femmes de Pigalle ». La place servant de départ à ce parcours sera l'anagramme de ce mot.

1 Rejoins une flamme qui brille pour marquer l'amitié de la France avec un grand pays. Puis tu prendras l'avenue portant le nom de la ville éclairée par l'original de cette flamme.

> Le 31 août 1997, Diana, l'ex-épouse du prince de Galles a été victime d'un accident de voiture mortel dans le tunnel situé sous tes pieds.

2 Des femmes dévêtues resteront de pierre lorsque tu passeras entre elles, et, peu après, Charles Péguy parlera aux mères de leurs fils qui se sont tant battus.

> Ce palais a été construit pour l'exposition internationale des Arts et Techniques de 1937. Il abrite le musée d'Art moderne de la Ville de Paris qui compte entre autres, un des plus grands tableaux du monde : la Fée électricité de Raoul Dufy (600 m²).

3 Si tu ne peux pas le traverser, contourne cet édifice où la peinture, l'architecture, et la sculpture auront un visage bien charmant. Tu parviendras ainsi à la porte principale.

> Ce palais fut édifié entre 1878 et 1888 pour la duchesse de Galliera. Ce bâtiment de style Renaissance italienne, accueille le musée de la Mode et du Costume qui réunit près de douze mille costumes du XVIIIe siècle à nos jours.

4 Un maréchal de France te montrera la direction à suivre pour rejoindre un général et président du pays pour lequel il s'est battu.

> Sur cette place, le musée Guimet (du nom de son donateur) est l'un des plus grands musées d'art asiatique au monde.

⑤ En remontant la façade où les carrés entourant les ronds sont les plus nombreux, tu passeras devant un institut portant le nom d'un poète allemand.

⑥ Puis, après avoir longé successivement le territoire koweitien et de l'état de Bahreïn, tu retrouveras un général récemment rencontré, en compagnie de son ami français.

⑦ Dans le dos de cet Américain, la rue du cardinal archevêque de Paris te mettra dans la direction de celle d'un astronome et mathématicien. Puis tu longeras des pays dont les capitales sont Caracas et Beyrouth. Entre les deux, le bateau présent sur la façade aurait pu naviguer dans ce réservoir d'eau de la Ville de Paris, dissimulé derrière ces hauts murs.

⑧ Cette pucelle, brûlée en 1431 par les Anglais, est considérée par certains comme une sainte. Sa statue est adossée au bâtiment dans lequel un saint est honoré. Tu seras sur la bonne route lorsque tu la croiseras.

⑨ Dans la même voie, recherche le numéro de l'immeuble dont le chiffre des unités est double de celui des dizaines qui est, lui-même, double de celui des centaines. Tu passeras ainsi devant l'emplacement de la dernière demeure de « celui qui mourut en son avenue ». Un peu plus loin, tu dépasseras le pays dont la capitale est Lagos.

De l'eau de Source en plein Paris... et gratuite en plus !

⑩ Il peut être de science, de pétrole, de lumière, de mine mais, dans notre cas, il est artésien mais n'en a pas l'apparence. Tu pourras probablement voir les habitants du quartier venir y chercher celle qui est peut-être une des meilleures de Paris, bien qu'elle soit à 28 °C.

⑪ Grâce à Rodin, il batifole en tenue légère, avec les Muses. Va le retrouver à la fin de son avenue.

⑫ Éloigne-toi de cet écrivain en allant du côté du soleil artificiel qui l'éclaire la nuit. S'il est 8 h 45, les pointes des aiguilles de l'horloge t'indiqueront dans quel sens tu devras parcourir cette avenue qui porte le nom de famille peut-être le plus courant en France.

⑬ Ensuite tu déboucheras sur une place qui sentirait bon le café si les

noms de pays avaient une odeur. Mais tu en sortiras en croisant, toujours aussi vêtu, l'écrivain récemment rencontré. Il te montrera que « la vision du poète » n'est pas toujours très joyeuse.

⓮ Pour l'agrément de ta promenade, il sera préférable de choisir un chemin de terre bordé de verdure.

> *À cet endroit, le 21 novembre 1783, Pilâtre de Rozier et le marquis d'Arlandes effectuèrent la première ascension en montgolfière.*

> *Tu longes le siège permanent de l'Organisation de coopération et de développement économique (O.C.D.E.) qui est, depuis 1948, un territoire international.*

⓯ Tu passeras entre deux tennis bien plus petits et d'un usage différent que ceux utilisés au stade de Rolland-Garros, non loin d'ici.

⓰ Ensuite, dès que l'occasion se présentera, traverse celui que l'on

dit clouté et qui ne comporte plus de clous depuis longtemps.

> *Au n° 20, un ravissant hôtel particulier attirera ton attention. Outre ses meubles, objets et tableaux du premier Empire, ses tapisseries et ses miniatures, le musée Marmottan est remarquable par sa formidable collection de tableaux des peintres impressionnistes : 165 œuvres de Claude Monet parmi lesquelles la célèbre Impression, Soleil levant qui donna son nom à l'école picturale, plus des peintures de Berthe Morisot, Pissarro, Renoir, Sisley, etc.*

⓱ Puis tu longeras les pays dont les capitales sont respectivement Libreville et Kaboul.

⓲ Pour résoudre cette nouvelle énigme, tu devras faire appel

à eux. Ils servent à donner des coups, et font de grands numéros. Dans leur plus simple appareil, ces deux exemplaires de l'invention de Graham Bell ne seront pas loin du passage menant à la question suivante. Tu auras ainsi la possibilité de saluer celui qui, dit-on, est toujours le plus mal chaussé.

⑲ Tu ne pourras qu'être philosophe après être passé devant le n° 47 du boulevard.

⑳ Ce n'est pas un ange, il n'est pas le dernier défenseur des buts d'une équipe de football, il n'est pas chargé de préserver la paix dans la police nationale, mais il a prêté serment pour surveiller l'avenue dans laquelle tu dois maintenant tourner.

㉑ Quand il te faudra choisir ton chemin, le compositeur de musique, auteur de l'*Apprenti Sorcier* pourra t'y aider.

㉒ Tu tourneras rapidement pour croiser l'entrée de ce moyen de transport où on circule avec des rames. Puis ce drapeau bleu, jaune, rouge, blanc et vert sera, peut-être pour toi, synonyme de vacances paradisiaques.

㉓ Quand tu auras tourné à gauche, rue de « la fête du 15 août », évite l'arrière du lycée d'un grand auteur comique pour prendre l'avenue d'un grand peintre. Elle te mènera à la statue de Rodin, l'*Âge d'airain*.

㉔ Poussé par l'interdit, tu iras dans la seule rue qui le soit, en excluant, bien sûr, la rue dont tu viens. Mais peut-être cette interdiction ne concerne-t-elle pas les piétons ?

㉕ Additionne le numéro de l'arrondissement dans lequel tu te trouves à celui du quartier des Champs-Élysées et, dans la rue suivante, tu tourneras du côté de l'immeuble portant le numéro obtenu.

> *Hector Guimard (1867-1942) fut l'initiateur de l'art nouveau. Au n° 14 de la rue, un immeuble de rapport le fit connaître. Il anima les façades en employant différents matériaux. Le style Guimard fut popularisé par les entrées du métro parisien.*

㉖ C'est traditionnellement la couleur des poissons dans les aquariums, du drapeau révolutionnaire, l'autre nom de la planète Mars. Tu longeras le pourtour de ce château fort des temps modernes, avec son donjon et son mur d'enceinte en suivant une ligne de cette couleur.

㉗ En regardant attentivement derrière les vitres de ce château, tu pourras longer des salles ayant pour nom Olivier-Messiaen et André-Rondenay et un théâtre sans nom.

> *La maison de Radio France est formée d'une couronne de 500 m de circonférence et d'une tour de 68 m de haut. Elle a été construite en 1963 par Henry Bernard, et rassemble les radios publics nationales. Son musée retrace l'évolution des techniques de la radio et de la télévision.*

28 À Lyon elle peut s'appeler Perrache, à Marseille Saint-Charles, à Bordeaux Saint-Jean et à Londres, Waterloo. Ici elle est de taille bien plus modeste et tu ne feras que la traverser. Puis en recherchant la suite de ton chemin, ne sèche pas comme la colonne rencontrée sur le même trottoir.

29 En général, tu auras un bon indice pour trouver l'avenue suivante.

30 Poursuis ton chemin en longeant l'enceinte d'un pays à cheval sur deux continents, puis tu tourneras dans la rue de sa capitale. C'est ensuite entre deux murs que tu achèveras de contourner ce pays.

On peut aussi la manquer !

31 Ce peut être soit un morceau de musique destiné à régler le pas d'une troupe, soit le fonctionnement d'un mécanisme,

on peut aussi être assis dans son sens, elle peut être également un mouvement moins rapide que la course. Mais dans ton cas elles sont quarante-quatre, et elles te permettront d'atteindre la maison d'Auguste Perret, l'un des premiers architectes à utiliser le béton armé pour la construction.

> *Honoré de Balzac habita, entre 1840 et 1847, au n° 47 de cette rue. L'autre sortie, rue Berton, lui permettait de fuir la cohorte de ses créanciers. Il y écrivit quelques-uns de ses plus beaux romans. Aujourd'hui la maison de Balzac présente des portraits et des objets personnels de l'écrivain.*

32 Elles sont dans les mers, les piscines, les étangs et les rivières. Une rue portera leurs noms et sera une source de réflexion en dévalant ton chemin.

> *Arrivé en bas, dans une voie privée, logé dans les galeries d'une ancienne carrière, le musée du Vin*

évoque le travail du vigneron.

33 Tu continueras dans cette rue qui semble narguer le musée récemment rencontré.

34 Tu pénétreras par une porte dans la suite de ton parcours. À ce stade du jeu, peut-être commences-tu à fatiguer. Il a donc été prévu une alternative plus reposante pour t'éviter un effort obligatoire.

35 Avance au-dessus de celui que tu as côtoyé puis s'est enterré. Ensuite, même si les flèches t'y incitent, ne tourne pas en rond, choisis la rue portant le nom de l'homme qui a vécu à l'intérieur d'un siècle.

> *Au n° 8 de la rue, le musée Clemenceau réunit les objets personnels, vêtements et souvenirs du Tigre dans la maison où il vécut et mourut le 24 novembre 1929.*

36 Progresse dans cette rue, jusqu'à ce que son nom prenne un visage, une apparence. Puis un militaire qui reçut la même distinction dans trois pays européens semblera chevaucher dans ta nouvelle direction.

> *Le palais de Chaillot construit sur le site du palais du Trocadéro pour l'Exposition universelle de 1937 est l'œuvre des architectes Azéma, Boileau et Carlu.*

•*Le musée de la Marine présente des modèles réduits de navires, des instruments de navigation et tableaux maritimes.*
•*Le musée de l'Homme explique et illustre les modes de vie de l'hom-*

me sur les cinq continents.
•*Le musée des Monuments français réunit sous forme de moulages les plus beaux témoignages de l'architecture et de la sculpture monumentale française.*

37 Tu tourneras le dos à ton chemin en lisant les paroles de Paul Valéry : « Il dépend de celui qui passe que je sois tombe ou trésor, que je parle ou me taise, ceci ne tient qu'à toi, ami, n'entre pas sans désir. »

38 Tu ne trouveras pas de poissons dans les bassins du Trocadéro. Recherche plutôt l'entrée de ce lieu où il est possible d'en découvrir des milliers.

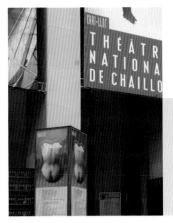

39 La Corée, l'Iran, et le Conseil économique et social ne seront pas les ralentisseurs annoncés. Ce ne sera pas encore ta victoire mais celle de Napoléon Ier quand tu emprunteras l'avenue et la place commémorant son succès. Mais, ce sera l'Amérique lorsque tu finiras glorieusement ton parcours par l'avenue de l'un de ses présidents.

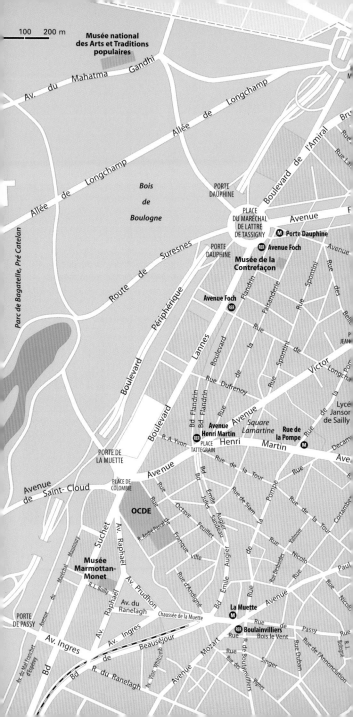

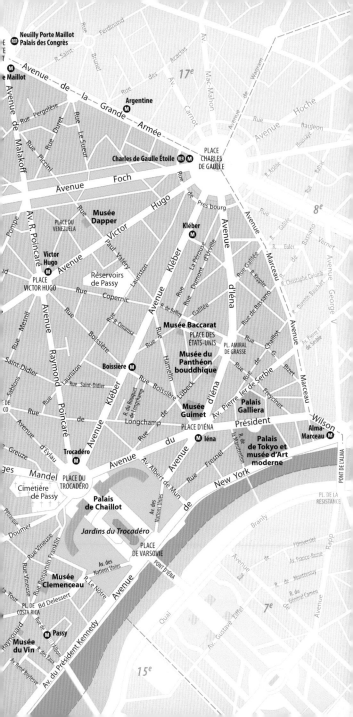

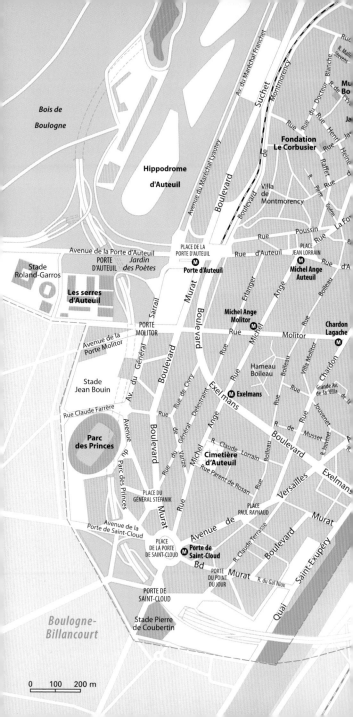

Bois de
Boulogne

Boulogne-
Billancourt

Hippodrome
d'Auteuil

Av. du Maréchal Franchet

Av. du Maréchal Lyautey

Boulevard

Boulevard

Suchet

de

Montmorency

Rue

R. Malle

Stevens

Blanche

Rue du Docteur

R. de Prys

Rue Henri

Mu
Bo

Ja

Heine

d

Rue

Raffet

R. Pierre

Guérin

**Fondation
Le Corbusier**

Villa
de
Montmorency

La Fo

Poussin

Rue

Rue   d'Auteuil

PLACE DE LA
PORTE D'AUTEUIL

Ⓜ Porte d'Auteuil

PLACE
JEAN LORRAIN

Ⓜ

**Michel Ange
Auteuil**

Boileau

Rue

d'A

Avenue de la Porte d'Auteuil

**Stade
Roland-Garros**

PORTE
D'AUTEUIL

*Jardin
des Poètes*

**Les serres
d'Auteuil**

PORTE
MOLITOR

Avenue de la
Porte Molitor

**Stade
Jean Bouin**

Rue Claude Farrère

Sarrail

Av. du Général

Boulevard

Boulevard

Murat

Erlanger

Rue   Michel   Ange

**Michel Ange
Molitor**   Ⓜ

Rue   Molitor

Hameau
Boileau

Boileau

Rue

Villa Molitor

**Chardon
Lagache**   Ⓜ

Chardon

Grande Av.
de la Villa

de la

Rue de Ch
iry

Rue

Rue du Général   Delestraint

Rue

Ⓜ **Exelmans**

Exelmans

Rue

Michel   Ange

Boileau

Boulevard

de

Rue

Jouvenet

Musset

R.   Jouvenet

A.

**Parc
des Princes**

Avenue   du   Parc des Princes

Boulevard

de

Varize

Rue

Rue

R. Claude   Lorrain

**Cimetière
d'Auteuil**

Rue Parent de Rosan

Michel   Ange

Rue

Boileau

Versailles

Exelmans

PLACE DU
GÉNÉRAL STÉFANIK

PLACE
PAUL RAYNAUD

Avenue de la
Porte de Saint-Cloud

Murat

Rue

Avenue   de

**Porte de
Saint-Cloud**   Ⓜ

PLACE DE LA PORTE
DE SAINT-CLOUD

R. Claude Terrasse

Boulevard

Murat

Saint-Exupéry

Bd

PORTE
DU POINT
DU JOUR

Murat

R. du Gal Niox

PORTE DE
SAINT-CLOUD

**Stade Pierre
de Coubertin**

Quai

0   100   200 m

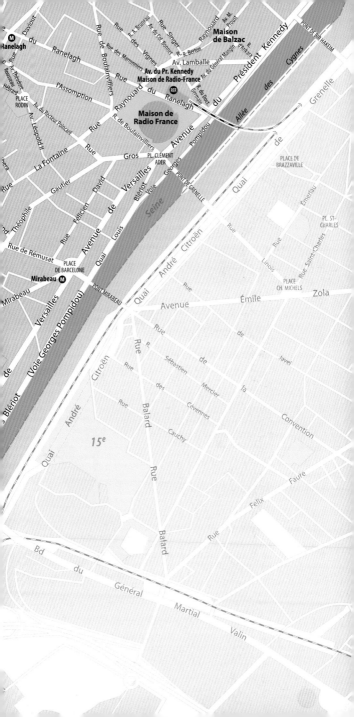

17e arrondissement

Rendez-vous sur une place dont l'ancien nom pouvait évoquer le ciel ou la mer mais dont le nom actuel peut être symbolisé par une croix de Lorraine.

❶ Tu prendras l'avenue commençant à l'est du territoire belge.

❷ Additionne :
• Le nombre de maisons, d'habits, de chapeaux, de souliers... que possédait Cadet Roussel.
• Le nombre de commandements qui, d'après l'Ancien Testament, furent donnés par Dieu à Moïse sur le mont Sinaï. C'est aussi un film de Cécil B. De Mille.
• Le nombre d'heure dans une journée.
Et tu obtiendras le numéro d'un des immeubles vers lequel tu tourneras dans l'avenue portant le nom du synonyme de « fades ».

❸ Dans le dos de l'humoriste qui a écrit : « Ne compter que sur soi-même et encore pas beaucoup » ou « Je ne hais que la haine », le Christ, de son bras gauche, t'indique la direction à suivre.

❹ Après avoir salué Léon Serpolet, un pionnier de l'automobile qui put atteindre 120 km/h avec sa voiture fonctionnant uniquement à la vapeur d'eau, tu continueras ton parcours dans la rue qui commence.

❺ Une fois arrivé au bout de cette rue, recherche puis longe le mur plat dont la base se situe à ta droite et le sommet à ta gauche.

6 Nul besoin de pousser la porte pour entrer dans la question suivante.

7 Si tous les chemins mènent à Rome, toutes ces galeries, où tu seras à l'abri du chaud, du froid et de la pluie, te mèneront dans le hall d'un grand hôtel.

> *Tu circules sur ce qui fut longtemps un lieu de loisirs, d'abord un théâtre de six mille places construit pour l'Exposition universelle de 1900, puis, en 1948, une vaste fête foraine permanente, le Luna Park, avec ses attractions à sensations.*

8 Traverse ce lieu privé, puis en sortant à 10 heures tu y trouveras un édifice religieux.

> *Ce lieu en forme de croix grecque a été bâti par les architectes Lefranc et Fontaine. Il a été construit en souvenir de Ferdinand d'Orléans, fils aîné du roi Louis-Philippe qui fit une chute de cheval mortelle le 13 juillet 1842 non loin de cet endroit.*

9 Le vainqueur de la bataille de Coulommiers t'ouvrira un boulevard pour te faire franchir la route sur laquelle on peut faire un tour de Paris.

10 Peu après, des sapins te feront entrer dans la promenade du ministre.

11 Après une centaine de mètres tu verras que l'athlétisme est bien supérieur à la voiture.

12 Croise la circulation. Bien que la ligne droite soit le plus court chemin d'un point à un autre, les courbes et les cercles t'indiqueront cependant la meilleure voie.

13 Lorsque tu dépasseras le niveau élémentaire, si quelque chose cloche, ce sera bon signe car le haut lieu, vers lequel tu dois te diriger, en est pourvu.

14 Après avoir côtoyé ce qui pourrait être des pieuvres de pierre, tu trouveras, en Somme très rapidement, le moyen de parvenir à un jeu de quilles.

15 Si tu as le temps, tu peux faire quelques *strikes* ou des *spares*, puis passe dans le dos de quelques personnages illustres réunis

au même endroit : un philologue, un essayiste, un poète, un historien, un général, un auteur, un prosateur, et un éducateur.

16 Mais gare ! Le 92 viendra d'où tu veux aller.

17 Quand le maréchal sera en place et aura un peintre en son cœur, quatre ravissantes femmes, lourdement chargées, d'origine grecque, te permettront peut-être de te désaltérer et te mettront sur la bonne route.

> *Au n° 89 de l'avenue, Puvis de Chavannes est mort en 1898. Ce peintre symboliste préférait les thèmes allégoriques et se consacra souvent aux peintures murales : Panthéon, Hôtel de Ville de Paris...*

18 Quatre immeubles identiques ne doivent pas te détourner de ton chemin.

19 Au prochain carrefour, tu suivras l'autobus dont le terminus évoque la direction qu'il prend.

20 Tu bifurqueras dans l'artère dont un trottoir comportera, du carrefour où tu te trouves jusqu'à la prochaine rue, autant d'arbres que de péchés capitaux ou de merveilles du monde.

21 La musique adoucit les mœurs. Mais son école semble retenir prisonnier un dragon qui détourne la tête de ta prochaine rue.

> *La salle Cortot est dédiée au pianiste français (1877-1962) fondateur de l'École normale de musique. Il forma avec Pablo Casals et Jacques Thibaud un trio de renommée internationale.*

22 Il peut être de poissons, d'essai, de sable mais celui que tu rencontreras sera public et tu devras te le mettre à dos pour continuer ton trajet.

23 Quand tu auras fini ton marché, parmi les diverses solutions possibles, choisis la seule artère dont les deux trottoirs sont dans le 17e arrondissement.

24 À la gauche du fils qui regarde son père, tu admireras l'hôtel Gaillard.

> *Émile Gaillard, régent de la Banque de France fit construire cet hôtel particulier en 1879 pour mettre en valeur sa très belle collection de tableaux et d'objets d'art. L'architecte Victor-Jules Février s'est inspiré des châteaux de Blois et de Gien pour édifier ce bâtiment. En 1919, il fut racheté par la Banque de France pour y installer une succursale.*

> *La statue du fils, due au sculpteur René de Saint-Marceau, fut érigée sur cette place en 1906. Celle du père, œuvre de Gustave Doré fut inaugurée en 1906 en présence d'une foule considérable.*

25 Après avoir contemplé l'œuvre de Saint-Marceau, ton chemin passe entre l'hôtel Gaillard et une illustre comédienne.

26 Tu longeras la résidence d'un consul qui est peut-être natif de Port-au-Prince.

27 Mais tu seras allé trop loin si tu parviens au musée Henner. Tu aurais dû tourner à gauche dans la rue précédente.

> *Dans ce musée sont exposées les œuvres de Jean-Jacques Henner (1829-1905). Ce peintre de souche alsacienne était très en vogue à son époque. Il fut prix de Rome en 1858 et membre de l'Institut en 1889. Il s'inspire de Virgile, d'Homère, et Ovide pour composer ses tableaux qui dénotent un goût marqué pour l'érotisme et l'exotisme.*

28 En revenant sur tes pas, tu arriveras à un spécimen de la rue de la plaine Monceau de la fin du XIXe siècle, avec ses deux rangées d'hôtels particuliers.
Elle fut construite en 1876. Parmi les maisons les plus intéressantes on peut noter :

> *Le n° 42 était l'hôtel particulier du maître verrier Joseph-Albert Ponsin construit par Boland en 1879, et l'on peut admirer, en haut de l'édifice,*

un magnifique portrait en mosaïque de Bernard Palissy.

> Le n° 35 a été édifié en 1876 par Félix Escalier pour Sarah Bernhardt.

> Le n° 27 conçu par Adolphe Viel était habité par Caroline Otero surnommée la « Belle Otero », reine des nuits parisiennes de la Belle Époque.

> Au n° 13 habitait Marcel Pagnol. Cette construction est un délicat mélange de pierre et de brique agrémentée de marbre, de fer forgé et de la mosaïque.

> Le n° 8 a une façade Renaissance ornée de statues de pierre. Il a été construit par Boland et Latapy.

30 La façade de la maison de Edmond Rostand sera un tournant dans ton parcours.

31 Alors à peine auras-tu fait une cinquantaine de mètres, que des instruments de musique te montreront le chemin de la liberté. En effet la statue de la Liberté fut construite au n° 25 de cette nouvelle rue.

> Bartholdi sculpte la statue et l'ossature de fer est réalisée par Eiffel. L'assemblage des plaques de cuivre sur la charpente métallique s'effectue ici, dans les ateliers Mauduit, Béchet et Cie. La tête, une fois terminée, est présentée à l'Exposition universelle de 1878.

> La construction dura trois ans et cette rue est alors l'une des promenades favorites des parisiens.

> Haute de 46 m et pesant 200 tonnes, la statue est offerte solennellement le 4 juillet 1884 à M. Morton, ministre des États-Unis lors d'une cérémonie aux Batignolles. Démontée, elle traversera l'Atlantique en pièces détachées et prendra sa place définitive dans la baie de New York le 28 juin 1886.

32 Poursuis ton chemin, mais tu as beaucoup marché, tes chaussures sont peut-être usées, là tu trouveras un marchand de chaussures. Tu as peut-être faim, tu trouveras une épicerie fine. Mais attention, ta bourse devra être bien garnie pour entrer dans ces deux prestigieux magasins.

Et comment qu'elle va y aller, à Neuw-York ?

– Ben, à la nage pardi !

33 En continuant, tu arriveras sur cette place toujours fleurie en son centre.

> *C'était à l'origine une ferme située entre le Roule et la forêt de Rouvray (aujourd'hui bois de Boulogne), appelée Villa Externa (ferme externe). Cette place se situe sur l'emplacement de la barrière du Roule de l'enceinte des fermiers généraux qui entourait Paris au début du XIXe siècle.*

34 Si tu es fatigué, tu te mettras sur ton trente et un pour rejoindre le terminus de ce trajet, autrement tu iras tout droit rejoindre ce monument construit d'après les plans de Chalgrin et inauguré en 1836. Il est décoré par les sculptures de Pradier, Cortot, Etex, et de Rude, il porte les noms des 386 généraux de la République et de l'Empire.

> *Au n° 34 de l'avenue qui te conduira au terme de ta promenade, tu remarqueras le Céramic Hôtel qui a été construit par Jules Lavirotte en 1904. C'est un exemple d'architecture d'Art nouveau avec sa décoration florale qui court sur toute la façade de céramique.*

35 En arrivant au terme de ce voyage tu pourras savourer ton triomphe sous cet arc.

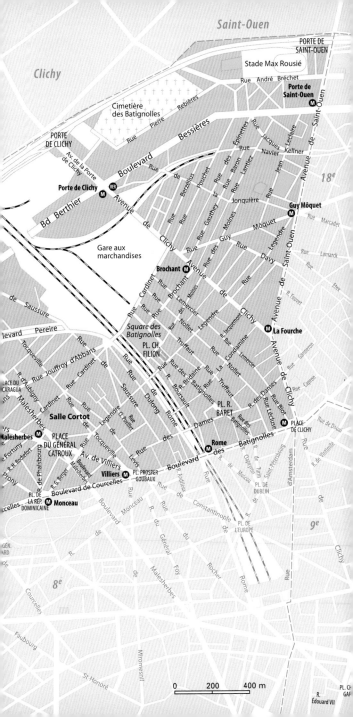

18e arrondissement

Pour débuter ce nouveau jeu, rends-toi à l'entrée de la station de métro portant le nom d'un sculpteur français auteur entre autres du *Mercure* et du *mausolée de Maurice de Saxe*. Il a donné son nom au quartier.

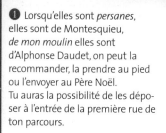

❶ Lorsqu'elles sont *persanes*, elles sont de Montesquieu, *de mon moulin* elles sont d'Alphonse Daudet, on peut la recommander, la prendre au pied ou l'envoyer au Père Noël. Tu auras la possibilité de les déposer à l'entrée de la première rue de ton parcours.

❷ Quand tu hésiteras sur la direction à prendre, conserve la même.

❸ Tu as peut-être déjà goûté aux saveurs du quartier, l'escalade t'apportera un charme supplémentaire.

> Tu arriveras sur une place, au cœur du village de Montmartre. La marquise du métro est de Hector Guimard. Elle est une des deux seules subsistant à Paris.

> L'église Saint-Jean-l'Évangéliste de Montmartre fut le premier édifice religieux à avoir été construit en béton armé. La finesse de ses piliers et poutrelles est remarquable. Son revêtement extérieur est fait de brique.

❹ Une fois en place, la ligne des balcons du deuxième étage te donnera le chemin à suivre.

❺ À Montmartre, les rues te contraindront à monter et descendre sans cesse. Ton martyre ne fait que commencer, mais, dans le cas présent, il débute bien puisque sa rue va du côté de la descente.

> Michou (au n° 80) et Madame Arthur (au n° 75) sont deux des cabarets de transformistes les plus réputés de Paris.

❻ Lorsque tu devras choisir ton chemin, passe devant celle qui « se trouva fort dépourvue quand la bise fut venue ».

Oui... je l'ai bien connue... une dépensière !

7 Ensuite tu suivras le panneau indiquant une direction qui comporte le mot répondant à ces définitions.

Il peut être :
• Un édifice, où l'on joue des ouvrages dramatiques.
• L'ensemble des pièces d'un auteur.
• Un coup.
• Un lieu où se passent des événements.
Quand tu seras arrivé sur cette attachante place, avec ses bancs et ses réverbères, remarque ce bâtiment de conception néo-classique (1822). Charles Dullin fut le direc-

teur de cet « atelier » jusqu'en 1940, et Jean-Louis Barrault y débuta.

8 Ne tombe pas dans le panneau... racontant l'histoire de cette salle. Il sera toutefois sur le bon chemin.

9 Lorsque tu apercevras ce jeu qui fait tourner en rond les enfants, fuis-le, tu n'as plus l'âge, et va dans le sens opposé.

10 Au moment où tu ne sauras plus où aller, cet ancien bal, dont la façade Belle Époque est ornée d'une gracieuse ballerine de plâtre (en bien mauvais état), te montrera le sens à ne pas prendre.

> *Au n° 66 Gustave Charpentier auteur du drame lyrique Louise (1900) vécut de 1902 à 1956.*

11 Quand celui qui serpente sous terre se montrera au grand jour, suis-le jusqu'à cette petite place sans nom. À partir de là, si les chiffres répondent aux lettres, il te faudra aller rue : 3 – 1 – 16 – 12 – 1 – 20.

> *Après une cinquantaine de mètres, tu pourras admirer une fontaine Wallace. Amoureux fou de Paris et militant antialcooli-*

que notoire, sir Richard Wallace (1818-1890) mit à la disposition des parisiens cinquante fontaines d'eau potable qu'il avait lui-même dessinées. Ces petits édifices verts en fonte, soutenus par quatre caryatides, font partie intégrante du paysage parisien.

12 Au jeu du morpion, quatre croix d'affilée ne suffisent pas pour gagner. Mais, dans cette rue, si tu longes quatre croix alignées verticalement sur un immeuble, et deux fois de suite, tu auras gagné le droit de connaître ta nouvelle direction.

13 Lorsque tu ne pourras plus aller tout droit, recherche et parcours une rue portant le nom de la capitale de la Bulgarie.

14 La rue suivante porte le nom d'un homme originaire de la région d'Amiens, Compiègne, et Noyon.

15 Recherche, puis va jusqu'au bout de cette place, nettement moins impressionnante que son homonyme du Vatican.

16 Puisque tu es dans le spirituel, continue dans la rue de cet homme politique portant Dieu en son nom.

17 Les Dalton étaient quatre. La rue que tu dois maintenant monter ne leur est donc pas consacrée.

18 Recherche une fontaine identique à celle observée dans le quartier de la Goutte d'or. Au n° 13 de cette place, le Bateau-Lavoir a vu naître, à la fin du XIXᵉ siècle, la peinture et la poésie modernes.

> *Ce qui était une bâtisse de bois fut détruit par un incendie en mai 1970. Picasso, Van Dongen, Braque et quelques autres y créèrent le cubisme, alors que Max Jacob, Apollinaire, et Mac Orlan incarnèrent le renouveau de la poésie française.*

19 Monte en recherchant toujours la plus forte pente et en évitant les escaliers. En chemin peut-être siffleras-tu le *Temps des cerises* en l'honneur de celui qui a donné son nom à cette place arborée. Ainsi tu atteindras ce qui devrait être « la résidence d'un agent officiel d'un État, chargé de protéger à l'étranger la personne et les intérêts des ressortissants de celui-ci », mais qui est en fait un café.

> Dans la seconde partie du XIXe siècle, l'auberge de la Bonne Franquette autrefois appelée Aux billards en bois fut fréquentée par Cézanne, Monet, Renoir, Pissarro, Sisley, Toulouse-Lautrec, Zola... Maurice Utrillo a souvent peint ce carrefour. La petite rue qui longe la Bonne Franquette marque le point culminant de Paris (129,37 m).

20 Six fenêtres sans fenêtres marqueront le début de la rue suivante.

21 Si tu n'es pas seul dans cette promenade, la personne qui t'accompagne pourra « se payer ta tête » sur cette place pittoresque et renommée. Elle mérite bien qu'on en fasse le tour.

22 Quitte cette place, sans que ce soit un calvaire et sans revenir sur tes pas.

> Saint-Pierre de Montmartre serait le seul vestige de l'ancienne abbaye de Montmartre. Datant de 1134, elle est bâtie à l'emplacement d'une église mérovingienne.
Quatre colonnes de marbre (deux contre le mur intérieur de la façade, et deux dans le cœur) proviendraient d'un temple gallo-romain dédié à Mercure qui aurait existé ici. La pierre tombale de la fondatrice de l'abbaye, la reine Adélaïde de Savoie (épouse de Louis VI le Gros) se trouve dans le bas côté gauche de l'église. Dans son cimetière qui l'entoure, repose le cœur de Bougainville et quelques personnalités montmartroises.
Il n'est ouvert que le 1er novembre.

23 Grâce à sir Richard Wallace tu retrouveras une nouvelle fois ton chemin. Puis après être passé devant l'arrêt d'un moyen de locomotion très « fun », essaye de monter deux étages d'un escalier comportant vingt-quatre marches chacun.

> *Cette basilique d'inspiration romano-byzantine est l'œuvre de l'architecte Paul Abadie (1812-1884). Elle fut commencée en 1876 et n'a été achevée qu'en 1919. Sa pierre sécrète une substance blanche (le calcin) sous l'effet de la pluie. Sa construction visait à expier l'effondrement spirituel et moral jugé responsable de la guerre de 1870.*

24 Ce peut être un point, un adjectif numéral, une vertu. Lorsque tu auras fini de contempler cette formidable vue, tu prendras la rue portant le nom d'un ecclésiastique qui avait ce titre.

25 Tu devras donner un coup de Barre à gauche dès que l'occasion se présentera.

26 Il n'est pas fort, et pas en Espagne, mais il est plein d'eau et tu devras le trouver puis tourner immédiatement après être passé devant lui.

> *Suzanne Valadon et son fils Utrillo, Renoir, Othon Friesz, Dufy, le dessinateur Poulbot, et le poète Pierre Reverdy ont habité au n° 12. Cette ancienne demeure du comédien Rosimond, qui succéda à Molière à l'hôtel de Bourgogne, est devenue le musée de Montmartre. On y voit des porcelaines du XVIIIe siècle de l'ancienne manufacture de Clignancourt, de multiples témoignages de la vie montmartroise, des souvenirs de ses illustres habitants et des documents sur Clemenceau, maire de Montmartre en 1870.*

27 Une petite maison, souvent peinte par Utrillo, te fera voir la vie en rose et te dira de rectifier ton chemin pour passer devant ce lieu cher à Bacchus (dieu du Vin).

> *La maisonnette au toit de tuiles plates, située au carrefour suivant, est le cabaret du Lapin agile. Son enseigne représentant un lapin, peint par André Gille, lui valut son nom. Il fut très fréquenté au début du siècle dernier par des artistes débutants et sans le sou comme Picasso, Vlaminck, Max*

A nous deux Paris !

Jacob, Apollinaire, Carco, Mac Orlan, Dorgelès. De nos jours, des artistes s'y produisent régulièrement.

> *Au XVIe siècle la butte Montmartre et les plaines voisines étaient couvertes de vignes. Le clos Montmartre, composé de gamay et de pinot noir, est vendangé le premier samedi du mois d'octobre. À cette occasion de grandes fêtes sont organisées. Il est vendu aux enchères au profit d'œuvres sociales de la Butte.*

> *Derrière ce grand mur se situe le paisible cimetière Saint-Vincent. Marcel Aymé, Marcel Carné, Roland Dorgelès, Arthur Honegger, Maurice Utrillo... y reposent.*

28 Suis la rue où les piétons peuvent dominer les voitures.

29 Puis va retrouver celle dont le vrai nom était Yolanda Gigliotti. Elle est perchée dans le dos des amoureux de pierre.

30 Malgré son nom, la visibilité est bonne dans le passage suivant.

> *Cette « folie » du XVIIIe siècle, fut habitée par Gérard de Nerval. Dans son parc, devenu le square Suzanne-Buisson, la légende voudrait que, à l'endroit où se trouve maintenant sa statue, saint Denis décapité ait plongé sa tête dans une fontaine avant de la reprendre sous le bras et d'achever son périple à Saint-Denis.*

31 Quand il te faudra changer de chemin va dans la direction de la tour Eiffel (les antennes de télévision t'y aident car elles sont orientées vers elle), et recherche la maison de Tristan Tzara.

> *La villa Léandre est une charmante impasse, elle mérite un détour. Tristan Tzara, le fondateur du mou-*

vement Dada, voulait « tuer l'art ».
Il avait demandé en 1926 au grand
architecte autrichien Adolf Loos de
concevoir sa maison en rejetant
tout ornement ou fantaisie.
Il s'agissait là des prémices de
l'architecture moderne.

> *Le peintre Poulbot est mort au*
n° 13. Il créa le type de gosse de
Montmartre auquel son nom reste
attaché.

32 Il n'y a que deux types
d'endroits où l'on puisse voir des
hommes traverser les murs :
• Au début de la rue avant laquelle
tu dois tourner.
• Sur l'écran d'une salle de spectacle, située peu avant. En longeant
cette salle, tu suivras ta nouvelle
direction.
Cette sculpture rendant hommage
à un personnage de Marcel Aymé
« le passe-muraille », est due à Jean
Marais.

33 Sur ta route descendante,
ils sont deux, séparés par une
centaine de mètres. Ne te prends

pas pour Don Quichotte, ne te bats
pas contre eux.

> *En 1688, les moulins furent rasés*
au Palais-Royal. Le moulin Radet
fut transporté à cet endroit.
Le Moulin de la Galette est l'ancien
Blute-fin. Il domine la Butte depuis
plus de quatre siècles. Le meunier
Debray le défendit désespérément
contre les cosaques en 1814 lors du
siège de Paris et son cadavre fut
finalement crucifié sur les ailes de
son moulin. Sous la Restauration,
son fils le transforma en salle de
bal où l'on pouvait y manger de
savoureuses galettes. À la fin du
XIXe siècle, ce qui était devenu
un bal populaire, inspira les plus
grands peintres comme Renoir,
Toulouse-Lautrec ou Van Gogh.

34 Puis tourne rapidement où les
voitures ne le peuvent pas et tu
apercevras dans le lointain le dôme
doré de l'Hôtel des Invalides.

35 Quand tu auras une hésitation,
prends la rue que l'arrêt d'autobus
regarde descendre.

36 Avant de rencontrer le 9e arrondissement, néglige un moulin de
couleur plus foncée que la maison

peinte par Utrillo. N'y va pas, éloigne-t'en à tire-d'aile.

> *Le Moulin rouge ouvrit en 1898 sur l'emplacement de l'ancien bal de la Reine Blanche. Dans son jardin, on pouvait y voir des singes en liberté, et un immense éléphant en stuc. Son french cancan, dont les vedettes étaient Jane Avril, la Goulue Valentin le Désossé et quelques autres, fut immortalisé par les tableaux et les affiches de Toulouse-Lautrec.*

> *La place Blanche et la rue Blanche étaient le lieu de passage des* convois de plâtre qui se dirigeaient des carrières de Montmartre vers Paris. Ces convois recouvraient les murs et les pavés d'une poudre blanche, d'où le nom de la rue et de la place.

37 Tu termineras ta promenade et retourneras à ton point de départ, par ce qui fait la renommée de Pigalle, en France et à l'étranger.

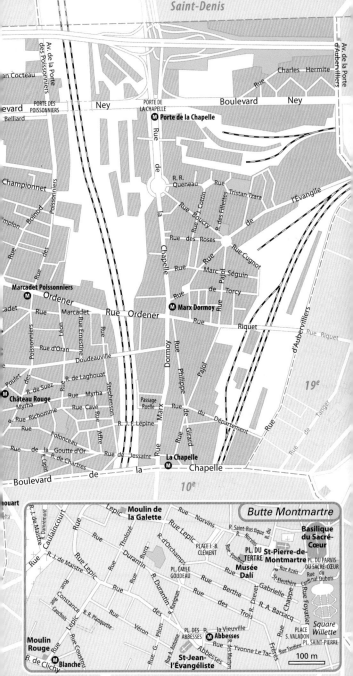

19e arrondissement

Le rendez-vous est à l'extérieur de la station de métro portant le nom d'un grand dirigeant socialiste assassiné quelques jours avant la guerre de 1914.

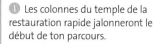

① Les colonnes du temple de la restauration rapide jalonneront le début de ton parcours.

② Emprunte la rue qui porte le nom du chef-lieu de Seine-et-Marne. Cette ville est surtout connue pour son brie et Bossuet en fut l'évêque. D'ailleurs le premier passage croisé évoquera sa région.

③ Au carrefour tu prendras l'avenue donnant sur l'entrée de l'immeuble du parti politique dont le journal est L'*Humanité*. Ce mouvement fut notamment dirigé par Maurice Thorez, Georges Marchais, Robert Hue et maintenant par Marie-George Buffet.

> *Son immeuble est l'œuvre d'Oscar Niemeyer, l'architecte de Brasilia (1971). Le dôme de la salle de réunion du comité central se situe au premier plan.*

④ Est-ce dû au quartier, mais tu devras tourner en deux immeubles en partie rouge, donnant sur un escalier qui atteint un mur de briques rouges.

⑤ Une fois le sommet atteint, recherche un espace planté d'arbrisseaux, de la famille des ampélidacées, donnant un fruit rouge ou blanc dont le suc fermenté peut nous monter à la tête.

⑥ Quand tu te seras enivré des grands espaces, prends la rue qui te permet d'admirer le plus longtemps cette basilique montmartroise. Une fois arrivé au bout, choisis le chemin le plus pentu.

⑦ Le cavalier mural avance dans la même direction que toi.

⑧ Les faux rondins de bois te permettront de reprendre de la hauteur et de la verdure avant 20 h s'il n'y a pas de tempête.

9 Tu auras tourné du bon côté lorsque ton effort ne devra pas se relâcher.

10 Les chiens bien propres attendent avec impatience l'endroit devant lequel tu passeras.

11 Ton chemin s'éclairera lorsque tu comprendras que ta route passe par les codes : XIX5564 – XIX5562 – XIX5559 – XIX5558 – XIX5557 – XIX5556 – XIX5498 – XIX5494 – XIX5495 – XIX5496.

12 Deux des trois chemins se présentant à toi vont où tu dois aller.

> *Cette ancienne carrière de gypse a été entièrement remodelée par Alphand entre 1863 et 1867 à la demande de Napoléon III pour constituer cet archétype du parc haussmannien. Il illustre également l'âme baroque de cette époque avec son relief tourmenté.*

13 Lorsque tu seras dans le temple niché sur le mont dit « des Suicidés » retrouve : XIX5494 – XIX5498 – XIX555.

14 Ensuite ton chemin coulera de source, puis tu passeras sous celui qui n'est ni du Gard, ni de Tancarville, ni de Normandie, ni de San Francisco mais de taille bien plus modeste et construit en pierre.

15 Quitte la route pour retrouver XIX5534. Une cascade de 32 m de haut, située dans une grotte ornée de stalactites artificielles, t'abritera jusqu'à ce que tu décides de remonter vers XIX5580.

16 La pente sera rude et t'emmènera aux XIX5480 – XIX5482 – XIX6308 – XIX5493 – XIX8099.

17 Regarde le clavier d'un téléphone. En utilisant la correspondance

entre les chiffres et les lettres,
il faudra maintenant te diriger vers
le « 63876 ».

18 Après avoir croisé une cana-
lisation de gaz à haute pression
enfouie dans le sol, réponds au
rébus suivant :
• Mon premier est un adjectif pos-
sessif, féminin, singulier.
• Mon deuxième se dit d'une
adresse précédée de deux autres
numéros semblables.
• Mon troisième est l'organe de
l'odorat.
• Mon quatrième est un article
défini masculin singulier.
Tu passeras devant la porte d'entrée
de mon tout.

19 Ce sont des vêtements féminins
composés d'un corsage et d'une
jupe d'un seul tenant ou des vêtements longs et amples que portent
les juges, les avocats dans l'exercice
de leur fonction. Tu tourneras dans
la voie dont le nom sera l'anagramme de ce mot.

20 En sortant de la villa, tu suivras
le « V » du lierre, puis tu t'engageras
dans la voie dont la première maison d'angle est numérotée dans les
deux rues. Ces deux numérotations
ont dix d'écart.

> *Au XIXᵉ siècle, dans le quartier
d'Amérique, dans lequel tu te trouves, on extrayait d'importantes
quantités de gypse, destiné à fabri-
quer du plâtre. Lorsque l'exploita-
tion se termina vers 1872, on ne put
construire que des petites maisons
en raison de l'effondrement possible des anciennes carrières.*

21 Tu ne devras voir que
l'arrière des voitures pour aller dans
la bonne direction. Puis recherche
une maison possédant une porte
que seuls Atchoum, Simplet, Prof
et quelques autres de même taille
pourraient emprunter. Tu t'engageras, filmé par une caméra, dans la
voie longeant son jardin.

22 Une fois dans la rue suivante, tu
tourneras avant d'avoir rencontré
un numéro porte-bonheur pour les
uns et néfaste pour les autres.

23 Évite de retourner sur tes pas et
une femme, quelque peu dénudée,

te permettra de récolter la solution de cette énigme.

㉔ Pour aller vers le nord, tu auras besoin du nom de deux régions de l'est de la France.

㉕ Lorsque la rue s'achèvera, la suite de ton trajet te permettra de connaître la fonction de l'homme qui a donné son nom à la rue suivante.

㉖ Tu emprunteras une descente utilisant autant d'échelons que le numéro de cet arrondissement.

㉘ Un quadrilatère à queue, un double triangle et un autre quadrilatère te serviront de tapis.

㉙ Lorsque tu hésiteras sur ta route, trente-deux lumières venues du sol te dirigeront dans une voie qui n'est ni un boulevard, ni une avenue, ni une rue, ni une allée.

㉚ Il fait un signe entre juillet et août, mais ils seront huit à avoir l'eau à la bouche lorsqu'ils te verront venir.

> *Cette Cité est entièrement consacrée à la musique. À droite en entrant se trouve une salle de concert de 1 200 places et le musée de la Musique. Ce musée compte 4 500 instruments du XVIe siècle à nos jours dont 900 sont exposés.*

À gauche se situe le conservatoire supérieur de Musique et de Danse de Paris.

31 Au centre, la Grande Halle est une ancienne halle aux bœufs construite en 1867 et réhabilitée en 1983. Elle permet d'accueillir de nombreuses manifestations de toutes disciplines.

32 Recherche le mot qu'il est possible d'accoler à : pensée, plan, saison, marche, goût, grand-mère, garde, base, pays. Il te faudra maintenant te rendre de ce côté du bâtiment qui jadis était un lieu public où se tenait le marché.

33 En direction du nord-est, progresse sous le plafond tourmenté pouvant te mettre à l'abri de la pluie. Puis, pour ne pas affronter le dragon, tu tourneras afin de longer et côtoyer la cime des arbres.

34 Un peu avant d'arriver au Zénith de ta promenade, traverse celui qui n'est pas de Suez ni même de Panamá.

35 Lorsque tu verras un escalier qui a quelque chose de commun avec certains pains, certains marchés, certaines messes, certaines caisses ou certains romans, tu le descendras.

36 Recherche une immense boule de pétanque, puis passe entre elle et le moyen de déplacement favori de capitaine Némo.

37 Dirige-toi vers une antenne utilisée pour émettre ou recevoir des ondes en hyperfréquence à destination ou en provenance d'un satellite.

> *La Cité des sciences et de l'industrie a pris place en 1986 dans les anciens abattoirs de la Villette, construits à grands frais dans les années 1960 et jamais utilisés. Cette transformation est l'œuvre de l'architecte Fainbilder qui a privilégié trois thèmes :*
• l'eau : indispensable à la vie. Elle entoure le bâtiment.

• la lumière : source d'énergie du monde vivant qui éclaire les espaces de l'exposition grâce à ses deux larges coupoles.
• la végétation : elle est présente à l'intérieur de l'édifice dans trois serres bioclimatiques.
L'exposition permanente baptisée Explora comprend cinq sujets principaux : l'univers, l'eau et la terre, l'homme et la santé, l'industrie et la communication.

La Géode est une salle de cinéma où l'on peut voir sur un écran hémisphérique de 1 000 m² des films d'une qualité d'image et de son exceptionnelle.

38 Lorsque le dragon aura un petit creux, tu pourras passer sur son dos.

39 À l'envers de l'endroit où l'on peut apprécier le relief en 3D et ressentir le mouvement en restant dans son siège, traverse celle qui a toujours une bonne vanne à lâcher.

40 Puis longe le canal pour te retrouver entre ses hautes eaux froides et celles du bassin d'eau tiède.

41 Dans le 19e arrondissement, l'Oise se jette dans la Gironde. Profite de cette particularité pour remonter l'affluent inattendu de la Gironde. Mais s'agit-il bien de cours d'eau ?

> Tu te trouves à l'endroit où le canal de l'Ourcq et le canal Saint-Denis se rejoignent.

42 Va jusqu'au bout de ce qui pourrait s'appeler « le quai des brumes » en hommage au cinéaste dont tu croiseras les studios.

43 De leur demeure située non loin du pont automatique, Christophe et Jacques regarderont la suite de ton chemin, mais bien qu'ils soient de saints hommes, leur âge et leur état ne leur permettront pas d'apercevoir le carré jaune dont tu devras approcher pour changer de rive.

44 Après ce très long trajet (le plus long du guide) tu ne seras pas assez en forme pour jouer au ping-pong. Évite sa table en longeant le bassin.

45 Les bateaux te diront que tu es bientôt arrivé à bon port.

> Édifiée en 1785 par Ledoux, la rotonde de la Villette est un vestige de l'enceinte des fermiers généraux qui entourait Paris.

46 Après en avoir éclusé une dernière, les premières lettres des mots « Jubilation – Allégresse – Unique – Réussite – Euphorie – Satisfaction » te diront que tu es arrivé au bout des nombreuses énigmes de ce jeu et nous t'en félicitons.

20e arrondissement

Le rendez-vous n'est pas à Perpignan, ni à Tarbes, ni à Pau mais à l'extérieur de la station de métro du 20e arrondissement dont le nom est le point commun de ces trois villes.

❶ Dirige-toi vers le plus haut bâtiment métallique parisien.

> *Selon la légende, sous un lampadaire devant le n° 72 naquit une môme qui allait se faire entendre.*

C'est mon nom en argot... Nous sommes très nombreux à Paris!

❷ À peine auras-tu constaté qu'il fallait se méfier des mots, tu prendras la direction empruntée par le jeune détective dans sa poursuite.

❸ Ce peut être une mélodie vocale ou instrumentale, une manière d'être ou d'agir, mais c'est en tant que fluide gazeux qu'il a ici sa maison et tu vas remonter les cascades pour l'atteindre.

❹ Emprunte la montée douce et pavée puis longe ces arbustes donnant des baies sucrées avec lesquelles on fait un nectar dont il est bon de ne pas abuser. Puis, ton seul but dans cette deuxième partie de la question sera de traverser un terrain qui en aura deux.

❺ Va jusqu'à un conteneur conçu pour déposer des homonymes de sa couleur.

❻ C'est le nombre de trous dans un terrain de golf, le numéro de téléphone des pompiers et le numéro de la rue rencontrée qui te fera un passage vers la prochaine question.

7 Renseigné par un panneau, tu prendras la direction d'un endroit souvent fréquenté par les enfants.

8 Tourne, deux fois de suite, du côté où ton cœur bat.

9 Seront « avisés » ceux qui trouveront la suite du chemin, puisque l'anagramme de ce mot donne le nom de la rue suivante.

> À la fin de cette rue, tu arriveras au regard Saint-Martin. Le sol marneux et argileux de Belleville empêchait l'eau de s'infiltrer et la rendait, de ce fait, abondante. Les moines, par un réseau d'aqueducs souterrains, acheminaient et vendaient cette eau aux Parisiens. Il reste encore trois ou quatre regards de ce genre dans le quartier. Ils permettaient de surveiller la qualité et la quantité de l'eau vendue. L'inscription latine retrace les travaux entrepris en 1633 et 1722.

10 Ton parcours se poursuit dans une rue proche du regard où il est impossible aux voitures de circuler.

11 C'est l'équivalent Celsius de 0 °Fahrenheit, le nombre de carte dans un jeu, le nombre de dents dans la bouche d'un adulte. Lorsque tu seras arrivé au bout de cette rue, tu tourneras du côté de l'immeuble portant ce numéro.

12 Quand villa et rue auront le même nom, tu choisiras la villa. Puis la prochaine rue portera le nom de la direction à prendre.

13 Une société fondée par M. Spiers dont le but est de « développer le sentiment qui pousse les hommes à venir en aide aux autres », jalonnera la suite immédiate de ton chemin.

14 Quand un mur en verra de toutes les couleurs, pour éviter un passage à vide dans ton parcours, prends le passage obligé, même s'il est très étroit.

15 Tu te surélèveras en allant vers cet immeuble qui fut le siège de la première organisation demandant la limitation volontaire des naissances. Elle souhaitait ainsi populariser les méthodes de contraception.

16 Ne te fie pas aux apparences de la rue suivante bien que proches, il n'y a aucun lien entre l'école et l'association qui assure l'indemnisation du chômage.

17 Contrairement à ta direction, le théâtre n'est pas dans une impasse. Pour cette raison tu trouveras ton chemin sur le trottoir situé en face de cette salle de spectacle.

18 Avant d'aller vers les châteaux, fais un petit détour au n° 40 de la rue.

> Ce lieu est un des plus hauts de Paris (1,75 m de moins que la butte Montmartre). On peut y voir le repère d'altitude le plus élevé de la capitale (128,508 m).

> C'est pourquoi Chappe y installa son télégraphe optique. Ainsi, dès

août 1794, il transmettra des messages entre Paris et Lille en trois heures alors que trois jours étaient auparavant nécessaires.

> Et pour la même raison, en 1981, la radio « libre » N.R.J. émettait à partir d'un petit studio du dernier étage du plus haut immeuble de la rue.

19 Grâce aux indications, tu trouveras, au prochain carrefour, le chemin de la maison où tout le monde peut aller.

20 Tu tourneras après avoir vu un panneau annoncer ce qu'il est possible de voir sur le sol.

21 Les médecins faisaient toujours dire le même nombre à leurs patients en les auscultant. Tu iras vers ce numéro d'immeuble dans la sainte rue rencontrée.

22 Si les voitures des pompiers sortaient de leur vitrine en allant tout droit, elles iraient dans la rue où tu vas. Non loin de son début, une plaque commémorative justifie son nom.

23 Tiens ! Le médecin pose à nouveau la même question à son patient pour savoir dans quelle direction tu dois tourner.

24 Tu te trouveras sûrement penaud en te rendant dans la rue suivante. Tu la prolongeras par celle d'un précurseur de l'aviation mort au XIXᵉ siècle

25 La rue suivante n'a pas le même nom sur ses deux trottoirs. Un peu plus loin, pour ne pas revenir sur tes pas et quelle que soit la bifurcation choisie, il te faudra utiliser un escalier. Il sera enfantin de descendre celui composé de quatre-vingts marches. Tu reviendras ainsi à l'urbanisation parisienne habituelle.

> *Cet ensemble pavillonnaire appelé la Campagne à Paris a été créé en 1926 pour faire face à la crise du logement des années 1920. Il fut bâti sur l'une des dernières carrières de gypse du 20e arrondissement, transformée en décharge en 1880.*

26 À peine arrivé en bas, emprunte la plus proche partie de la chaussée où les piétons ont priorité. Elle te conduira sur la bonne descente.

27 Lorsqu'il est doux, c'est une lettre d'amour, il peut être de chemin de fer, de loterie ou de spectacle. Tu changeras de rue en suivant la façade d'un commerce possédant une machine qui distribue de tels papiers, mais destinés à un usage bien différent.

28 Tu as vu son (prétendu) lieu de naissance sur des marches au début du parcours. En continuant dans la même rue, tu traverseras maintenant la place qui porte son nom.

29 En conservant la même direction mais en changeant de rue, tu passeras rapidement devant un grand établissement possédant des chambres dans lesquelles il ne fait pas bon dormir bien qu'on y dorme toujours profondément.

30 Après que quatre caryatides auront pu te désaltérer, tu choisiras la seule avenue qui ne traverse pas le carrefour. Elle te conduira vers le grand mur d'enceinte d'une sorte de prison où les femmes et les hommes y entrent contre leur gré pour ne plus en sortir.

> *L'histoire de ces quatre caryatides est donnée à la question n° 11 du 18e arrondissement.*

31 Après y avoir pénétré volontairement et à l'aide de ce plan muet comme une tombe, va, si tu le souhaites, rendre hommage à quelques très grands personnages, ou rends-toi directement au point P.

> *Ouvert depuis 1804, ce cimetière prit le nom de François de la Chaise, confesseur de Louis XIV. Il fut aménagé à l'est de Paris car, pour des raisons de salubrité, les cimetières au cœur des villes furent interdits. Rapidement les Parisiens les plus illustres et les plus fortunés souhaitèrent s'y faire enterrer en créant ainsi un musée d'Art funéraire. À la suite de sanglants affrontements, les derniers combattants de la Commune y trouvèrent la mort, devant le mur des Fédérés en mai 1871.*

A – L'écrivain français qui fut À la recherche du temps perdu.

B – L'auteur de la Comédie humaine.

C – L'écrivain et poète français, auteur des Filles du feu.

D – Le peintre français du XIXᵉ siècle, importante figure du mouvement romantique.

E – Le fondateur du spiritisme. Sa tombe est toujours la plus fleurie et souvent des adeptes de cette doctrine essaient de communiquer avec lui.

F – Un couple de comédiens.

X – La sépulture du dramaturge britannique francophile et francophone qui défendit, entre autres, la cause féministe mérite un détour. Les femmes lui en sont visiblement reconnaissantes sur sa tombe.

G – Peut-être la plus célèbre tragédienne française de tous les temps.

H – L'auteur et interprète de Comme un petit coquelicot.

I – L'auteur de l'Avare et celui du Chêne et le roseau.

J – Le chanteur des Doors.

K – M. Cyclopède.

L – Le compositeur des « Polonaises ».

M – L'auteur des Caprices de Marianne. Il repose à l'ombre d'un saule comme il le souhaitait.

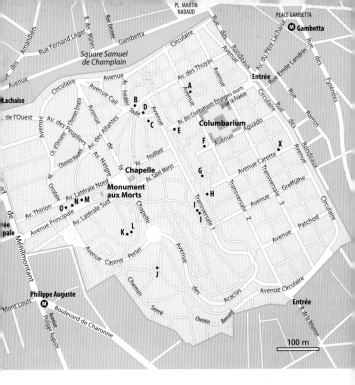

N – Le compositeur de l'opéra le Barbier de Séville.

O – Elle écrivit le Blé en herbe, Claudine à l'école, Gigi...

P – Retourne dans le monde des vivants.

32 Continue ensuite ton chemin en empruntant le tout début de l'itinéraire de la ligne de métro conduisant à la porte Dauphine.

33 Puis bifurque vers un carrefour bien élevé, et une fois atteint, tourne ensuite du côté où les balcons seront bien tenus.

34 Lorsqu'il est d'enfants, c'est la classe de maternelle, il peut être anglais ou à la française, au théâtre c'est l'opposé du coté cour. Tu y entreras et dirige-toi du côté où le soleil se lève, où les marches t'élèvent, et où les enfants s'élèvent.

35 Tu passeras ensuite devant l'ancienne demeure de Henri Rolland qui dut malheureusement en partir beaucoup trop tôt.

36 La suite de ton parcours sera animée et te conduira vers un toit de cuivre oxydé, d'une couleur résultant du mélange du jaune et du bleu.

37 Si c'était une œuvre de George Sand elle serait « au diable », elle peut être « aux canards » ou encore de sang. La rue portant ce nom croise la voie que tu suivras avec entrain, même si tu ne la vois plus. En la coupant, recueille-toi, quelques minutes, à la mémoire des hommes tombés pour la libération de Paris et n'oublie pas le groupe auquel ils appartenaient, tu ne le regretteras pas.

38 Sans la voir, après avoir retrouvé une rue déjà visitée, continue à suivre cette voie. Tu ne devras pas être accompagné d'un chien pour poursuivre ta promenade, mais ce sera un jeu d'enfant de retrouver et remonter une rue descendue au début de ton circuit. Elle te fera à nouveau atteindre un des sommets de Paris.

39 Maintenant emprunte la rue où habitait un des deux Français morts pour la libération de Paris, dont tu as récemment vu une plaque commémorative. Cette rue a pris le nom de l'animateur de leur groupe de résistants.

40 En tournant au prochain carrefour, tout marchera bien pour toi, car tu retourneras sur le lieu où est née celle dont tu as vu la place, et, si tu as eu un peu de temps, la tombe au cimetière du Père-Lachaise.

41 Ainsi, comme cette chanteuse, tu pourras voir la vie en rose puisque tu as réussi à surmonter tous les obstacles de ce jeu et tu peux en être félicité.

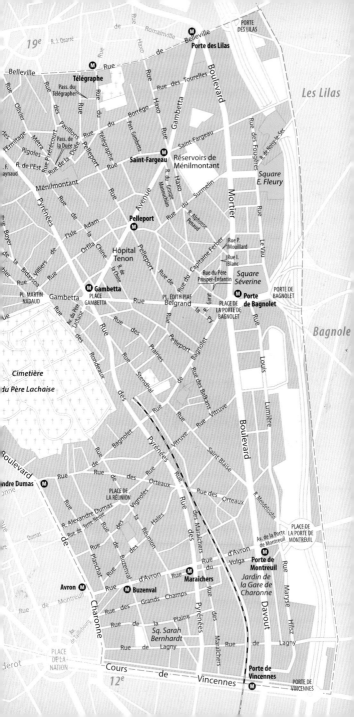

Bibliographie

Pour approfondir vos connaissances sur Paris, pour trouver tous les renseignements pratiques (horaires d'ouverture, numéros de téléphone...) concernant les musées et monuments que vous rencontrerez au fil de vos parcours ou pour trouver de bonnes adresses (restaurants, salons de thé, bars...) qui vous permettront de ponctuer vos balades de pauses gourmandes...

Un grand Week-end à Paris, éditions Hachette

Guide Bleu Paris, éditions Hachette

Guide Voir Paris, éditions Hachette

Guide du Routard Paris, éditions Hachette

Top Ten Paris, éditions Hachette

Guide du patrimoine, Paris, éditions Hachette

Notes personnelles

Ces pages sont les vôtres, n'hésitez pas à noter au fil de vos parcours, vos remarques, vos suggestions de nouvelles énigmes...

Écrivez-nous !
Hachette Tourisme
Jeux de piste et énigmes
43 quai de Grenelle
75015 Paris
jeuxdepiste@hachette-livre.fr

Couverture et maquette : Thibault Reumaux
Lecture-correction : Jean-Pierre Marenghi
Cartographie : Frédéric Clemençon et Aurélie Huot

Illustrations :

Pascal Gauffre

Photographies :

Intérieur :

Philippe Vaurès-Santamaria : p. 5, 6, 7, 9, 10 (b.c.), 11, 14(ht.g.), 15, 16, 17, 18, 22, 23, 24, 25 (b.g.), 26 (b.), 27, 28, 29, 32, 34, 35, 36, 37, 39 (ht.d.), 42, 43 (b.g et b.c.), 45 (ht. et b.d.), 46, 48 (ht.d.), 49, 52 (ht.g.), 53 (b.g. et b.d.), 54, 56, 57 (b.g.), 61, 64, 65 (b.c.), 68 (ht.d.), 70, 71 (b.g.), 73, 74, 75, 78, 79, 80 (b.), 81, 82, 83 (b.g. et b.c.), 84 (b.g., b.c. et b.d.), 85, 88, 89, 90, 91, 92, 93, 96, 97, 98, 99, 100 (ht.), 101, 104, 105 (b.g. et b.d.), 106 (ht.g. et c.g.), 107, 108 (ht.g.), 112, 113, 114, 115, 116, 117, 120, 121, 122, 123, 125, 129, 130, 131 (b.d.), 132, 133, 136, 137, 138, 139, 140, 141, 146, 147 (b.c. et b.d.), 148, 149, 150, 151 (ht.), 154 (ht.d.), 155, 156 (b.g.), 157 (b.d.), 159, 160, 161 (b.g.), 165 (b.c.), 166, 167 (b.d.), 168 (c.d.), 169, 172, 173, 174, 175, 176.

Jérôme Plon : p. 2, 3, 4, 10 (b.g. et b.d.), 14 (ht.d.), 25 (b.d.), 26(ht.), 38, 44, 45 (b.g.), 47, 48 (ht.g.), 52 (ht.d.), 53 (b.c.), 55, 57 (b.d.), 60, 62, 63, 65 (b.g. et b.d.), 68 (ht.g.), 71 (b.d.), 80 (ht.), 84 (ht.), 106 (ht.d.), 109, 128, 131 (b.g.), 151 (b.g. et b.d.), 154 (ht. g.), 156 (ht.), 157 (b.g.), 158, 161 (b.d.).

Jean-Richard Matouk : p. 39 (ht.g.), 43 (b.d.), 83 (b.d.), 100 (b.), 105 (b.c.), 108 (b.), 147 (b.g.), 164, 165 (b.g. et b.d.), 167 (b.g. et b.c.), 168 (b.g.).

Couverture : Visuel ©Robert Cameron/Gettyimages. Illustration : P. Gauffre. 4ᵉ de couv. : ©Jérôme Plon

Imprimé en France par IME
Dépôt légal : 78336 - Octobre 2006 - Édition 01
ISBN : 2012414826 - 24/1482/9